SOFORTHELFER ROSEN

THOMAS PROLL

KOSMOS

ALLE ROSEN IM ÜBERBLICK

↗ SEITE 36

Beetrosen

- Beetrosen sind die Stars im Garten, in Beeten und Rabatten, aber auch in Töpfen und Kübeln. Einzeln, in Gruppen oder in Kombination mit anderen Rosen oder Stauden
- Beetrosen richtig schneiden
- Die schönsten Sorten

↗ SEITE 48

Edelrosen

- Edelrosen im Garten als Soltär im Beet oder in Kombination mit Stauden, Gräsern und anderen Rosen
- Edelrosen richtig schneiden
- Die schönsten Sorten

↗ SEITE 60

Strauchrosen

- Strauchrosen im Garten, in Beeten und Rabatten, als Solitär, in Kombination mit anderen Rosen oder Stauden
- Einmal- und öfterblühende Strauchrosen richtig schneiden
- Die schönsten Sorten

↗ SEITE 74

Kleinstrauchrosen

- Kleinstrauchrosen, auch Bodendeckerrosen gennant, im Garten Rosen oder Stauden
- Kleinstrauchrosen richtig schneiden – die zwei Schnitttechniken im Vergleich
- Die schönsten Sorten

↗ SEITE 86

Kletterrosen

- Einmal- und öfterblühende Kletterrosen, Climber und Rambler
- Climber und Rambler richtig schneiden
- Die schönsten Sorten

↗ SEITE 100

Zwergrosen

- Zwergrosen im Garten, in Töpfen und Kästen
- Zwergrosen richtig schneiden
- Die schönsten Sorten

↗ SEITE 108

Wildrosen

- Wildrosen und naturnahe Rosen im Garten, in Beeten und Rabatten, in Kombination mit anderen Rosen oder Stauden
- Empfehlenswerte Arten

↗ SEITE 114

Hochstämmchen

- Hochstämmchen im Garten, in Töpfen und Kübeln
- Hochstämmchen, Kaskaden- und Trauerrosen richtig schneiden
- Überwinterung

WAS FINDE ICH WO?

KOSMOS SOFORTHELFER

BASICS

DIE 25 SCHNELLSTEN ANTWORTEN

ROSEN EINFACH PFLEGEN

ROSEN HÄNGT GANZ SICHER ZU UNRECHT DER RUF AN, SIE WÄREN KOMPLIZIERT ODER AUFWÄNDIG IN DER PFLEGE. WER ABER EINEN GEEIGNETEN STANDORT WÄHLT, EIN WENIG ZEIT IN DIE SORTENWAHL INVESTIERT UND EIN PAAR EINFACHE GRUNDREGELN BEHERZIGT, DER WIRD SICH WUNDERN, MIT WIE WENIG AUFWAND SICH DER WUNSCH NACH EINEM ROSENPARADIES ERFÜLLEN LÄSST.

MODERNE SORTEN SIND GESÜNDER!

Auch was die Anfälligkeit für Blattkrankheiten betrifft, so haben die Rosenzüchter hier in den letzten Jahren große Fortschritte gemacht – Rosen pflegen muss heute nicht mehr bedeuten, viel zu spritzen.

ROSEN IM GARTEN

Wenn es um den Einsatz im Garten geht, können Rosen und ihre Vielfalt und sonstige Qualitäten voll ausspielen – keine andere Blütenpflanze bietet wohl eine solche Palette an Farben, Blütenformen und Wuchstypen. Für jede Gartensituation findet sich die passende Sorte, ob klassisches Rosenbeet oder in Kombination mit Stauden, im Einzelstand oder kleinen Gruppen, zur Begrünung von Wänden und Zäunen oder auch in Pflanzgefäßen auf Terrasse oder Balkon.

VOM FRÜHLING BIS ZUM FROST – BLÜHWUNDER ROSE

Eine besondere Qualität der Modernen Rosensorten wird viel zu oft als selbstverständlich hingenommen: Ihre Fähigkeit zum Öfterblühen – also bis in den Herbst hinein in mehreren Schüben immer wieder zu blühen. Vor Hunderten von Jahren als Mutation ganz zufällig in China entstanden und von Rosenzüchtern erfolgreich in heutige Sorten übertragen, macht diese Eigenschaft aus Sicht von Mutter Natur gar keinen Sinn – uns Menschen aber Jahr für Jahr große Freude.

ROSEN AUSWÄHLEN

WAS
BRAUCHE ICH?

- Geduld und Muße
- Kataloge der Rosenzüchter
- Viele Rosenbücher zur Inspiration

WORAUF
MUSS ICH ACHTEN?

- Kaufen Sie Ihre Rosen direkt beim Züchter oder im Gartenfachhandel.
- Achten Sie auf das ADR-Prädikat. Dieses zeichnet besonders wüchsige, üppig blühende und gesunde Rosen aus.

Rosengärten

- Wer plant, einen Rosengarten anzulegen, der sollte sich zuvor gründlich informieren – neben der Überprüfung der Standortbedingungen sollte man ausreichend Zeit in die Wahl geeigneter Sorten investieren. Suchen Sie diese nicht nur nach der Optik, also über Bilder der Blüte aus, sondern hinterfragen Sie auch ein wenig die „inneren Werte" möglicher Kandidaten – besonders auf eine hohe Blattgesundheit gilt es zu achten, wenn der Rosengarten ein möglichst pflegeleichtes Blütenparadies werden soll.

ADR®

KOSMOS
SOFORTHELFER

Wer besonders blattgesunde Sorten für den Garten sucht, sollte beim Kauf auf das Gütesiegel der Allgemeinen Deutschen Rosenneuheitenprüfung (ADR) achten. Hierbei werden Neuzüchtungen an 11 Standorten über einen Zeitraum von 3 Jahren ganz ohne Einsatz von Pflanzenschutzmitteln gestestet und nur Sorten, welche die Prüfkriterien erfüllen, erhalten das begehrte Prädikat.

Etiketten lesen

- Zum Studium bei der Sortenwahl eignen sich neben Rosenbüchern natürlich auch die oft reich bebilderten Kataloge der führenden Rosenanbieter bzw. deren Websites. Gerade beim Kauf von Containerrosen im Gartencenter können aber auch die immer aufwändiger gestalteten Etiketten ein gute Hilfe sein – zu finden sind hier oft nützliche Informationen wie die spätere Wuchshöhe und -breite der Pflanze, der empfohlene Pflanzabstand, aber auch Angaben zur Blattgesundheit und Frosthärte der Sorte.

ROSEN KAUFEN

WAS
BRAUCHE ICH?

- Kataloge der Rosenzüchter oder
- eine gute Gärtnerei in der Region.

WORAUF
MUSS ICH ACHTEN?

- Kaufen Sie Ihre Rosen direkt beim Züchter oder im Gartenfachhandel.
- Achten Sie auf das ADR-Prädikat. Das zeichnet besonders wüchsige, üppig blühende und gesunde Rosen aus.
- Wurzelnackte Rosen sollten sofort gepflanzt werden, wenn das Wetter frostfrei ist.

Wurzelnackte und wurzelballierte Rosen

- Die klassische Angebotsform für Rosen nennt man wurzelnackte Pflanzen oder Wurzelware, weil die Pflanzen hierbei im Herbst von den Feldern geerntet werden und von Oktober bis April frei von Erde in kühl gelagert werden. Die Pflanzen werden dabei in A-Qualität mit mindestens drei kräftigen Trieben und die etwas schwächere B-Qualität sortiert.
- In Supermärkten findet man auch häufig in Beutel verpackte Rosen mit einem Wurzelballen, um die Wurzeln vor Austrocknung zu schützen.

Rosen im Pflanztopf und Container

- Hochwertiger sind sogenannte Pflanztöpfe, die teils im Herbst, häufiger aber im Frühjahr im Fachhandel angeboten werden. Hierbei werden in Wachstumsruhe befindliche Pflanzen in Töpfe von meist 2 Liter Inhalt getopft, die bei einigen Anbietern noch einen verrottbaren Einsatz haben, der mit gepflanzt werden kann und so die jungen Wurzeln schont.
- Etwas später – ab Anfang Mai etwa – kommen dann die ersten Containerrosen mit blühenden Pflanzen auf den Markt, zuerst noch aus dem Gewächshaus, später als Freilandware.

DER RICHTIGE STANDORT

WAS
BRAUCHE ICH?

- einen sonnigen Garten mit gutem, tiefgründigem, nicht zu nassem Boden, in dem in den letzten Jahren keine Rosen gewachsen sind.

WORAUF
MUSS ICH ACHTEN?

- Rosen lieben einen sonnigen Standort.
- Halbschatten ist möglich, wenn die Rosen mindestens 5–6 Stunden Sonne pro Tag erhalten.
- Der Standort sollte luftig, aber nicht von kalten Winden beeinträchtigt werden.
- Vermeiden Sie Schatten.

Guter Standort

- Auch der Wahl des geeigneten Standortes kommt große Bedeutung zu, wenn Rosen im Garten problemlos wachsen und blühen sollen. Ein guter Standort sollte möglichst sonnig liegen (mind. 5–6 Stunden), gut durchlüftet sein, damit das Laub nach Regen schnell abtrocknen kann und einen tiefgründigen Boden mit hohem Humusgehalt sowie einem pH-Wert zwischen 6,5 und 7,5 aufweisen. Zudem sollte stets für gleichmäßige Nährstoffversorgung und ausgeglichene Bewässerung gesorgt werden.

KOSMOS

SOFORTHELFER

Standorte im Garten, auf denen zuvor lange Rosen gestanden haben, sollten nicht gleich wieder mit solchen bepflanzt werden. Wurzelreste der entfernten Pflanzen führen sonst meist zu Kümmerwuchs bei den nachgepflanzten Rosen. Steht kein Alternativstandort im Garten zur Verfügung, sollte ein Bodenaustausch bis zu einer Tiefe von mind. 50–60 cm vorgenommen werden.

Schlechter Standort

- Ist der Standort dagegen nicht optimal gewählt, muss das nicht bedeuten, dass die Rosen gleich eingehen, doch werden sie möglicherweise nicht ihren typischen Wuchs entwickeln können und in der Blühleistung hinter den Erwartungen zurückbleiben. Zu dichtes Pflanzen fördert Pilzkrankheiten, weil die Blätter lange feucht bleiben. Probleme können auch Hitzestau, Bodenverdichtung, Staunässe, geringer Humusgehalt oder Nährstoffmangel machen. Vermeiden sollte man außerdem Schattenlagen, besonders unter der Traufe von Bäumen.

WURZELNACKTE ROSEN PFLANZEN

WAS

BRAUCHE ICH?

- Wurzelnackte Rosen
- Spaten
- Kompost
- Gießkanne oder Schlauch

WORAUF

MUSS ICH ACHTEN?

- Das Pflanzloch muss so tief sein, dass die Veredelungsstelle 5 cm unter der Erdoberfläche liegt.
- Die Rosen sollten vor dem Pflanzen in Wasser gelegt werden, damit sie sich richtig vollsaugen können.
- Kann nicht gleich gepflanzt werden, können die Rosen in Erde eingeschlagen gelagert werden.

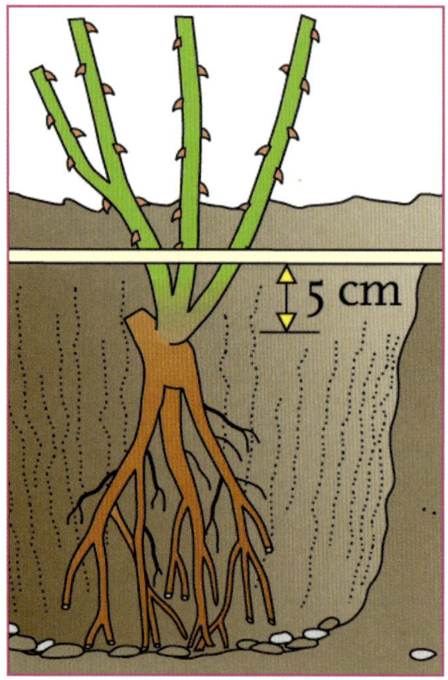

Einsetzen und angießen

- Das Pflanzen wurzelnackter Rosen kann beginnend ab Oktober, wenn die ersten Pflanzen angeboten werden, bis etwa Anfang Mai erfolgen – zu jeder Zeit, sofern der Boden frei von Frost ist. Dabei werden Triebe und Wurzeln der Pflanze leicht nachgeschnitten, ein ausreichend tiefes Pflanzloch gegraben, damit die Veredlungsstelle der Rose beim Pflanzen etwa 5 cm unter die Erdoberfläche gelangt. Beim Auffüllen des Pflanzlochs wird die Erde gut angedrückt und anschließend eingeschlämmt, damit die Wurzeln Bodenschluss bekommen.

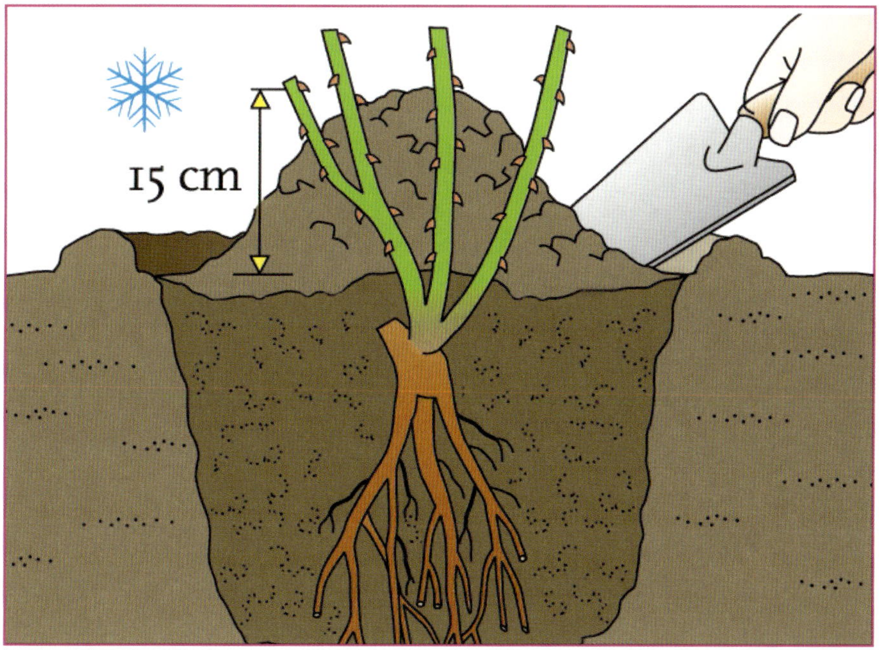

Anhäufeln

- Nach erfolgter Pflanzung kommt als letzter, aber sehr wichtiger Schritt das Anhäufeln. Hierbei wird ein kleiner Erdhügel etwa 15 cm hoch um die Triebe der frisch gepflanzten Rose angehäuft. Bei einer Pflanzung im Herbst dient dieser in erster Linie als Schutz vor Frost – bei einer Frühjahrspflanzung wird er allerdings keineswegs überflüssig, da er auch als Verdunstungsschutz fungiert. Gerade bei später Pflanzung im April oder Mai können die Triebe bei kräftiger Sonne sonst schnell austrocknen.

CONTAINERROSEN PFLANZEN

WAS
BRAUCHE ICH?

- Containerrose
- Spaten
- Handschaufel
- Kompost
- Gießkanne oder Schlauch

WORAUF
MUSS ICH ACHTEN?

- Das Pflanzloch muss so tief sein, dass die Veredelungsstelle 5 cm unter der Erdoberfläche liegt.
- Vor dem Austopfen gießen, dann löst sich der Wurzeballen besser von der Topfwand.
- Ringwurzeln am Ballen aufreißen.

Wässern und einsetzen

- Das reichhaltige Angebot im Fachhandel von Rosen in Containern hat das Pflanzen noch unkomplizierter gemacht, weil man auch noch während des Sommers ganz spontan die Sorte der Wahl im Garten unterbringen kann. Dabei sollte nur darauf geachtet werden, dass der Ballen beim Pflanzen ausreichend feucht ist – im Zweifelsfall gründlich gießen oder sogar im Wassereimer tauchen. Ist der Ballen sehr stark durchwurzelt fördert ein leichtes Aufreißen das anschließende Einwurzeln in den Gartenboden.

Pflanzloch auffüllen

- Ansonsten gelten beim Pflanzen von Containerrosen die gleichen Regeln wie bei wurzelnackten Pflanzen. Das Pflanzloch sollte ausreichend groß angelegt werden, damit der Ballen nicht etwa in die Erde gequetscht wird und die Veredlungsstelle sollte auch hier etwa 5 cm unter die Erde gelangen, da die Rose so auch in strengen Wintern nie ganz erfrieren sollte. Achten Sie also darauf, den Wurzelballen tief genug zu versenken, denn oft kann bei Containerrosen die Veredlungsstelle über der Topfoberfläche liegen.

KOSMOS

SOFORTHELFER

Rosen in Töpfen, sogenannte Containerrosen, werden vom Mai an den ganzen Sommer hindurch in blühender Form angeboten. Sie bieten auch den Vorteil, dass man sie zu jeder Zeit pflanzen kann. Dabei sollte das Pflanzloch ausreichend groß und der Wurzelballen feucht sein, sowie bei trockenem Wetter anschließend gewässert werden, bis sich die Rose in den Gartenboden eingewurzelt hat.

KLETTERROSEN PFLANZEN

WAS
BRAUCHE ICH?

- Wurzelnackte Rosen
- Spaten
- Kompost
- Gießkanne oder Schlauch
- Pflock zum Anbinden bei Hochstämmchen
- Kletterspalier oder Rankhilfe bei Kletterrosen.

WORAUF
MUSS ICH ACHTEN?

- Das Pflanzloch muss so tief sein, dass die Veredelungsstelle 5 cm unter der Erdoberfläche liegt.
- Wurzelnackte Rosen sollten vor dem Pflanzen in Wasser gelegt werden, damit sie sich richtig vollsaugen können.

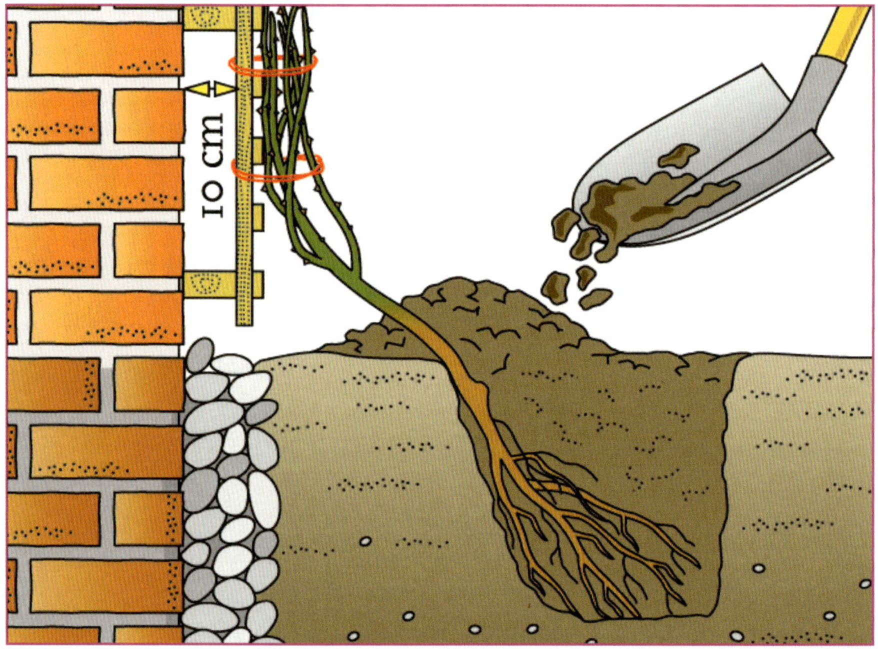

Pflanzung von Kletterrosen

- Eine gerne gewählter Standort für Kletterrosen sind Hauswände – hierbei sollten ein paar einfache Grundregeln beachtet werden. Pflanzen Sie die Rose möglichst nicht unmittelbar an eine Mauer, da die Beschaffenheit des Bodens dort durch Dränagemaßnahmen oder Reste vom Hausbau häufig nicht optimal ist. Außerdem gelangen die Wurzeln der Rose in etwas Abstand von der Wand auch leichter an die nötige Feuchtigkeit. Ein Spalier zwischen Mauer und Rose sorgt zudem für gute Durchlüftung und verhindert Hitzestau.

ROSEN HOCHSTÄMMCHEN PFLANZEN

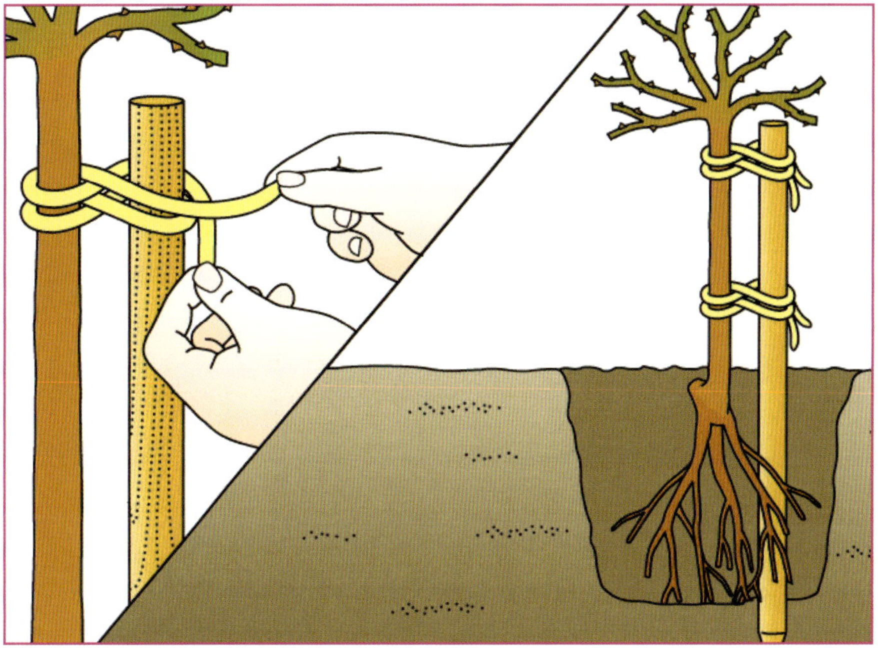

Pflanzung von Hochstämmchen

- Gerade junge Stammrosen benötigen unbedingt einen Pfahl zur Stabilisierung, da das Gewicht der Krone bei starkem Wind sonst ein Abknicken des Stamms zur Folge haben könnte. Ein solcher Pfahl sollte möglichst eng neben der Pflanze in den Boden gerammt werden und der Stamm einschließlich der Krone so fixiert werden, dass keine Scheuerstellen entstehen können. Zum Binden eignen sich am besten flexible Materialen, die sich dem Dickenwachstum anpassen, wie etwa die im Fachhandel erhältliche Hohlschnur.

GIESSEN

WAS

BRAUCHE ICH?

- Gießkanne oder Schlauch
- Regentonne
- Hacke

WORAUF

MUSS ICH ACHTEN?

- Nicht über die Blätter gießen.
- Morgens gießen.
- Boden mulchen
- Nach Platzregen die Erde um die Rosen aufhacken.

Gießen

- In der Regel ist in unseren Breiten – abgesehen vom Jahr der Pflanzung – kein regelmäßiges Bewässern von Rosenbüschen nötig, da diese Pfahlwurzeln ausbilden und so an Feuchtigkeit in großen Tiefen gelangen können. Ist in ungewöhnlich langen Trockenperioden Gießen aber doch einmal angebracht, dann sollte es möglichst nicht über das Laub erfolgen, um Pilzkrankheiten zu vermeiden, sondern direkt an die Wurzel. Ein kleiner Gießrand lässt das Wasser dort versickern, wo es hin soll.

ROSEN UNKRAUT BEKÄMPFEN

Unkraut und hacken

- Sogenannte Unkräuter stören nicht nur die Optik, also die gewünschte Blütenpracht der Rose, sondern können für die Gartenpflanzen auch eine ernstzunehmende Konkurrenz um Wurzelraum und Nährstoffe darstellen. Schon aus diesem Grund sollte man sich bemühen, sie regelmäßig zu entfernen. Eine Hacke tut als Hilfsmittel gute Dienste und lockert zudem noch die Erde auf, wodurch zusätzlich die Bodenkapillaren unterbrochen werden, was gerade bei trockenem Wetter die Austrocknung des Bodens verringert.

KOSMOS
SOFORTHELFER

In der Regel verlangen Rosen in unseren Breiten nach dem Pflanzjahr keine zusätzliche Bewässerung. Sollte dies während sehr langer Trockenperioden doch einmal nötig sein, dann vermeiden Sie möglichst eine „Über-Kopf-Beregnung" oder geben diese nur morgens, weil sonst das Laub zu lange feucht bleibt und sich dadurch Pilzkrankheiten schneller ausbreiten können.

DÜNGEN & PFLEGEN

Düngeform	Jan.	Feb.	März	Apr.	Mai	Juni	Juli	Aug.	Sep.	Okt.	Nov.	Dez.
organischer Dünger		Kompost Rinderdung Hornspäne			Kompost					Kompost Rinderdung Hornspäne		
mineralischer Dünger (Kurzzeit)			Volldünger			Volldünger		Kali-Dünger				
mineralischer Dünger (Langzeit)			Voll-dün-ger									
Rosen-Spezial-Dünger (organisch-mineralisch			Volldünger		Volldünger							

Rosen düngen

- Bei rein organischer Düngung liefern nur Rinderdung oder Hornspäne die für dauerblühende Rosen nötigen Nährstoffe – Kompost sollte man eigentlich nur als Bodenverbesserung betrachten. Mineralische Kurzzeitdünger sollte man bedächtig dosieren, um unnötige Umweltbelastung zu vermeiden – die etwas teureren Langzeitdünger bieten hier eine praktische Alternative.
- Kali-Düngern wird allgemein eine Wirkung zur Steigerung der Frosthärte nachgesagt – eine Gabe im Spätsommer kann also nicht schaden. Wichtiger ist allerdings, dass ab Mitte Juli keinen Stickstoff mehr gegeben wird, wenn die Rosen gut durch den Winter kommen sollen.
- Rosenspezialdünger sind meist eine Kombination von organischen und mineralischen Komponenten und gezielt für die Bedürfnisse von Rosen gemischt.

ROSEN WILDTRIEBE ENTFERNEN

WAS
BRAUCHE ICH?

- Spaten
- Rosenschere oder scharfes Messer

WORAUF
MUSS ICH ACHTEN?

- Nicht zu lange warten, je größer der Wildtrieb, desto stärker schwächt er die Edelsorte.
- Der Wildtrieb muss komplett entfernt werden.
- Nicht nur oberirdisch abschneiden.

Wildtriebe entfernen

- Die überwiegende Zahl der heute im Handel erhältlichen Rosen sind noch immer veredelt – das heißt die Edelsorte sitzt auf einer Wildrose, die als sogenannte Unterlage fungiert. Diese Unterlage liefert eigentlich nur die Wurzel und soll der Sorte die nötige Wuchskraft geben – gelegentlich kann sie aber unerwünschte Wildtriebe bilden, welche der Edelsorte Kraft rauben und sie sogar überwachsen können. Man erkennt sie an unterschiedlicher Farbe und Form der Blätter und sollte sie umgehend entfernen.

KOSMOS SOFORTHELFER

Um Rosen mit einer verlässlichen Frosthärte zu versehen, ist es unerlässlich, dass diese vor den Wintermonaten rechtzeitig ihr Wachstum einstellen und ihre Triebe ausreifen können. Damit dieser Zustand erreicht wird, sollte die letzte Gabe eines stickstoffhaltigen Düngers auf keinen Fall später als Mitte Juli erfolgen.

SCHNITTWERKZEUGE

WAS

BRAUCHE ICH?

- Rosenschere
- Astsäge
- Astschere
- Handschuhe

WORAUF

MUSS ICH ACHTEN?

- Kaufen Sie nur hochwertige Werkzeuge. Diese sind zwar teurer, halten aber lange und können repariert werden, wenn Verschleißteile wie Klingen stumpf geworden sind.

- Als Standardwerkzeug beim Rosenschnitt dient natürlich die gute alte Rosenschere, wobei es sich lohnt, für Qualitätsprodukte etwas mehr Geld auszugeben. Allzu günstige Scheren werden schneller stumpf und hinterlassen oft unsaubere Schnittflächen.

- Gerade beim Ausschneiden stärkerer Triebe an älteren Rosenbüschen gelangt man mit einer einfachen Rosenschere schnell ans Ende seiner Möglichkeiten – hier kann eine handliche Säge eine nützliche Alternative bieten.

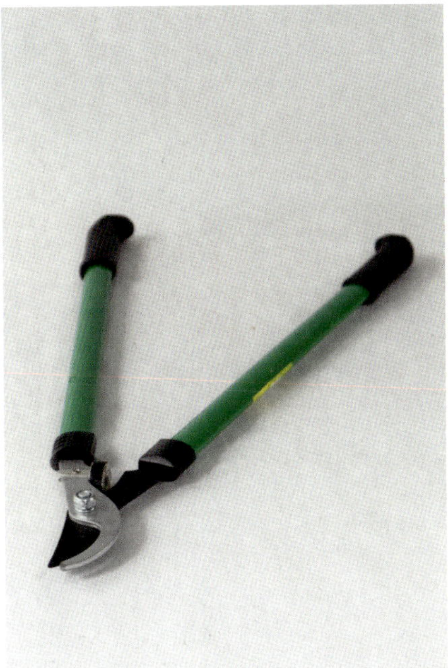

- Will man ältere Kletterrosen oder Wildrosenbüsche ausasten, also vergreiste Triebe aus dem Inneren der Pflanze entfernen, dann ist eine robuste Astschere oft das am besten geeignete Werkzeug. Mit ihr lassen sich auch dicke Äste Kraft sparend schneiden.

- Stacheln gehören bei einer richtigen Rose nun mal dazu – bei der einen mehr, bei der anderen weniger. Wer sich also auf einen Kampf mit den wehrhaften Schönen einlassen will, der sollte ein Paar stabile Arbeithandschuhe zu seiner Ausrüstung zählen.

KOSMOS

SOFORTHELFER

Bei allen Hinweisen zur korrekten Schnittführung, die Sie hier oder anderswo finden – haben Sie keine Angst, der Pflanze nachhaltigen Schaden zuzufügen, wenn der Schnitt mal nicht wie im „Lehrbuch“ gelingt. Die Rose ist ein lebendiges Wesen und wird mit ihrem Wachstum jeden „Verlust“ wieder ausgleichen. Also, keine falsche Scheu – Schnitt verjüngt die Rose und tut ihr damit gut.

GRUNDREGELN DES SCHNITTS

WAS

BRAUCHE ICH?

- Rosenschere
- Astsäge
- Astschere
- Handschuhe

WORAUF

MUSS ICH ACHTEN?

- Die Klinge muss scharf und sauber sein.
- Schneiden Sie leicht schräg über dem Auge.

Schnittregel

- Beim Rosenschnitt sollte man sich bemühen, leicht schräg etwa einen halben Zentimeter oberhalb einer Knospe – dem sogenannten Auge – zu schneiden. Schneidet man dichter, könnte das Auge austrocknen – aber keine Angst, sollte es nicht immer perfekt gelingen, so wird die Rose deshalb nicht gleich eingehen. Um einen möglichst lockeren Pflanzenaufbau zu erreichen sollten die Knospen gerne nach außen zeigen, doch auch diese Regel muss man nicht immer eisern befolgen – die Rose wächst sich oft von selbst zurecht.

Sommerschnitt

- Den Sommerschnitt von Rosen darf man sich nicht als einmalige Aktion wie den Schnitt im Frühjahr vorstellen, sondern eher als ein kontinuierliches Entfernen verblühter Blumen. In Büscheln blühende Typen wie Beet- oder Strauchrosen schneidet man dabei relativ dicht unterhalb einer verblühten Dolde aus. Bei Edelrosen, die oft nur eine Blüte pro Stiel hervorbringen, sucht man optimalerweise die Stelle oberhalb des ersten voll entwickelten Fiederblattes – hier sitzt die erste kräftige Knospe für den Neuaustrieb.

KOSMOS

SOFORTHELFER

Einige Krankheiten, die an Trieben oder Blättern von Rosen auftreten, können durchaus mit Schnittwerkzeugen wie z.B. Rosenscheren von einer Pflanze auf die andere übertragen werden. Um das Risiko für eine solche Verbreitung zu mindern, kann es helfen, alle Schnittwerkzeuge, die im Garten Verwendung finden, mehrmals im Jahr mit Brennspiritus zu desinfizieren.

ÜBERWINTERN

WAS
BRAUCHE ICH?

- Erde oder Kompost zum
- Anhäufeln
- Tannen- oder Fichtenreisig zum Abdecken
- Jutesäcke oder Gärtnervlies für Hochstämmchen.

WORAUF
MUSS ICH ACHTEN?

- Rechtzeitig anhäufeln.
- Den Winterschutz nicht zu früh entfernen.

Anhäufeln und Abdecken

- Wenn Frostschäden bei Rosen vermieden werden sollen, sind einige Winterschutzmaßnahmen unumgänglich. Zunächst sollten – besonders Typen wie Beet-, Edel- und Zwergrosen – angehäufelt werden. Durch den kleinen Erdhügel werden die bedeckten Triebe vor dem unmittelbaren Frost geschützt. Zusätzliches Abdecken mit Tannenreisig dient der Schattierung, denn die meisten Rosen vertrocknen eigentlich, wenn an klaren Wintertagen Feuchtigkeit verdunstet, die Wurzel sie aus dem gefrorenen Boden aber nicht ausgleichen kann.

Überwinterung von Hochstämmchen

- Rosen, die auf ein Stämmchen veredelt wurden, sind naturgemäß besonders anfällig für Winterschäden, da man ihre Krone nicht durch Anhäufeln schützen kann. Bleibt also nur die Maßnahme des Schattierens, um sie vor Austrocknung durch die Sonne zu schützen. Tannenreisig kann hierbei ebenso zum Einsatz kommen, wie ein herkömmlicher Jutesack oder auch spezielle im Handel erhältliche Wintervliese. Ungeeignet sind dagegen Plastikfolien jeder Art, da diese die Rosen zum vorzeitigen Austrieb verleiten.

KOSMOS
SOFORTHELFER

Um bei Stammrosen die besonders empfindliche Krone zu schützen, kann man diese mit unterschiedlichen Stoffen umwickeln. Falls zur Hand, tut es ein herkömmlicher Jutesack ebenso wie ein spezielles Wintervlies, das jedes gut sortierte Gartencenter anbietet. Auf jeden Fall vermeiden sollte man Plastik- oder Luftpolsterfolie, unter der die Pflanze nicht atmen kann und zu schnell austreibt.

PFLANZENSCHUTZ

WAS

BRAUCHE ICH?

- Pflanzenschutzmittel
- Drucksprühgerät
- Schutzanzug
- Schutzhandschuhe
- Atemschutz

WORAUF

MUSS ICH ACHTEN?

- Dosieren Sie Pflanzenschutzmittel immer exakt nach den Angaben auf der Verpackung des Herstellers.
- Tragen Sie Schutzkleidung.
- Nicht bei Temperaturen über 25 °C spritzen.
- Ziehen Sie den Einsatz von Nützlingen in Erwägung.
- Pflanzen Sie moderne, gesunde Sorten.

Chemischer Pflanzenschutz

- Vor dem Einsatz von Pflanzenschutzmitteln gegen Krankheiten und Schädlinge lassen Sie sich bitte ausgiebig im Fachhandel beraten. Gerade gegen Schadinsekten sollten möglichst nützlingsschonende Mittel Verwendung finden, die das biologische Gleichgewicht im Garten weitestgehend intakt lassen. Bei der Anwendung halten Sie sich bitte streng an die vom Hersteller gegebenen Empfehlungen, besonders bezüglich der Dosierung des Mittels. Zudem sollten Sie bei der Ausbringung angemessene Schutzkleidung tragen.

Läuse abspritzen

- Besonders Blattläuse können im Frühsommer manchmal in großer Zahl auftreten, was den einen oder anderen Gartenbesitzer schnell zur „chemischen Keule" greifen lässt. Oft sind diese Maßnahmen aber gar nicht nötig, denn meist regelt die Natur das Problem von ganz allein und Vögel oder Nützlinge dezimieren die Lauspopulation schnell. Sitzen die Triebe der Rosen voll mit Blattläusen, hilft es oft schon, diese mit einem scharfen Wasserstrahl abzuspritzen – der Befall wird so nicht völlig beseitigt, aber doch sehr verringert.

KOSMOS

SOFORTHELFER

Die Rosenzüchtung hat in den letzten Jahrzehnten große Fortschritte gemacht, wenn es um die Entwicklung neuer Sorten geht, die weniger anfällig für Blattkrankheiten wie Sternrußtau oder Mehltau sind. Hinterfragen Sie beim Kauf also immer die Blattgesundheit einer Rose und vermeiden Sie empfindliche, ältere Sorten, die noch aus Zeiten stammen, als man Rosen regelmäßig spritzen musste.

KRANKHEITEN

Sternrußtau

(Diplocarpon rosae)

Symptome

- Runde, schwarzbraune Blattflecken mit strahligem Rand sind die Kennzeichen dieser am meisten gefürchteten Rosenkrankheit. Befallene Blätter vergilben zunächst und fallen dann ganz ab.

Abhilfe

- Für gute Durchlüftung (Schnitt, Pflanzabstand) sorgen, befallene Blätter sofort entfernen (auch die am Boden) und ausgewogen düngen. Empfindliche Sorten vorbeugend spritzen.

Echter Mehltau

(Sphaerotheca pannosa var. *rosae)*

Symptome

- Ein mehliger weißer Belag an Blattoberseite, Trieben und Knospen, den man leicht abwischen kann, tritt besonders bei warmem, feuchtem Wetter auf. Befallene Pflanzenteile wachsen deformiert weiter.

Abhilfe

- Für gute Durchlüftung (Schnitt, Pflanzabstand) sorgen, damit das Laub schnell abtrocknen kann. Befallene Blätter sofort entfernen. Empfindliche Sorten vorbeugend spritzen.

Falscher Mehltau

(Peronospora sparsa)

Symptome

- Im Gegensatz zum Echten Mehltau zeigt sich der Falsche Mehltau mit grauen Pilzbelägen auf der Blattunterseite und braun-violetten Flecken an den entsprechenden Stellen auf der Oberseite. Der Belag lässt sich nicht abwischen. Er tritt auch bei trockenerer Witterung auf.

Abhilfe

- Eine luftiger Standort und eine Kalium-betonte Düngung reichen zur Vorsorge meist aus. Vorbeugend Schachtelhalmbrühe spritzen.

Rosenrost

(Phragmidium mucronatum)

Symptome

- Kleine, orangerote schwielige Flecken, die im Frühling an Trieben erscheinen, sind Vorboten des Rosen-Rosts, der im Sommer die ganze Blattunterseite mit gelb-orangefarbenen Flecken überzieht. An der Unterseite zeigen sich erst orangerote, später schwarze Pusteln.

Abhilfe

- Befallene Triebe zeitig zurückschneiden.

Ringfleckenkrankheit

(Sphaceloma rosarum)

Symptome

- Tritt vor allem an dicht belaubten Sorten im Hochsommer auf. Feuchtwarme Witterung fördert die Entwicklung. Die Mitte der runden, rötlichen Flecken auf der Blattoberseite stirbt ab und beleibt grau mit schwarzem Rand zurück.

Abhilfe

- Zur Verbeugung für einen luftigen Stand sorgen. Stärkungsmitteln geben und befallenes Laub frühzeitig entfernen.
- Wenn Fungizide gegen andere Pilze eingesetzt werden, kommt es in der Regel zu keinem Befall.

Grauschimmel

(Botrytis cinerea)

Symptome

- Gräuliche Pilzrasen an Blättern, Knospen und jungen Trieben, die braune, trockene Flecken bilden, sind ein Anzeichen für Grauschimmel oder Botrytis.

Abhilfe

- Überdüngung, vor allem mit Stickstoff vermeiden und befallene Triebe entfernen. Schachtelhalmbrühe zur Vorbeugung sprühen.

SCHÄDLINGE

Rosentriebbohrer

(Ardis brunniventris, Cladardis elongatula)

Symptome

- Trockene, braune Triebspitzen sind ein Anzeichen für einen Befall mit dem Rosen-Triebbohrer. Die Larven fressen sich im Triebinneren sowohl auf- wie auch abwärts und bringen den darüber liegenden Trieb zum Absterben.

Abhilfe

- Befallene Triebe einige Zentimeter unterhalb des abgestorben Teils entfernen und mit dem Hausmüll entsorgen.

Blattläuse

(Aphidae)

Symptome

- Diese meist grün gefärbte Blattlausart saugt an Knospen und Triebspitzen. Dadurch verkrüppeln junge Blätter und Blütenknospen.

Abhilfe

- Bei leichtem Befall von Hand absammeln oder am frühen Morgen mit Wasser abspritzen.

Rosenblattrollwespe

(Blennocampa pusilla)

Symptome

- Diese Blattwespe legt ihre Eier an den Blatträndern ab, die sich dann schützend um die Larve rollen, vergilben und abfallen.

Abhilfe:

- Befallene Blätter entfernen und auch vom Boden absammeln. Mit dem Hausmüll entsorgen, da sich die Larven auf dem Kompost weiterentwickeln.

Rosenblattwespe

(Caliroa aethiops)

Symptome

- Die Larven der Blattwespe fressen an der Blattoberseite und verursachen unschöne Schadstellen, die nach einiger Zeit austrocknen und Löcher hinterlassen.

Abhilfe

- Befallene Blätter entfernen und mit dem Hausmüll entsorgen.

Rosenzikade

(Typhlocyba rosae)

Symptome

- Zikaden sind kleine, grünliche springende Insekten, die auf der Blattunterseite saugen und dadurch an der Blattoberfläche weißliche Verfärbungen verursachen.

Abhilfe:

- Mit Insektizid am frühen Morgen spritzen. Dabei ist wichtig, vor allem die Blattunterseite zu benetzen.

Spinnmilbe

(Tetranychus urticae)

Symptome

- Spinnmilben sind keine Insekten sondern gehören zu den Spinnentieren. Sie sind mit bloßem Auge fast nicht zu erkennen und treten besonders bei heißem, trockenem Wetter auf. Ein Befall zeigt sich aber bald durch die feinen Gespinste an der Blattunterseite und zwischen den Blättern. Die Blätter zeigen dann eine feine, grau-weiße Sprenkelung.

Abhilfe

- Befallene Triebe komplett entfernen und mit dem Hausmüll entsorgen.

BEETROSEN
DIE
10
SCHNELLSTEN
ANTWORTEN

BEETROSEN

UNTER DEM BEGRIFF „BEETROSEN“ HAT MAN IN DEUTSCHLAND VOR JAHREN FRÜHER GÄNGIGE ROSENTYPEN WIE POLYANTHA- ODER FLORIBUNDA-ROSEN ZUSAMMENGEFASST.

FLORYBUNDAS ODER POLYANTHAS?

Beide Bezeichnungen beziehen sich dabei auf die Vielblütigkeit bzw. das Blühen in Dolden bei diesen Sorten – im Falle von Polyantha-Rosen sind die Blüten eher klein, während die großblumigeren Floribunda-Rosen durch Kreuzung von Polyantha- und Edelrosen entstanden sind. Die meisten heute im Handel erhältlichen Beetrosen sind der Gruppe der Floribunda zuzuordnen. Man findet sie in einer Vielzahl verschiedener Blütenfarben, wobei die Füllung von ganz einfachen Blüten bis hin zu nostalgisch gefüllten Blütenkugeln reicht. Die Wuchshöhe dieser Sorten bewegt sich meist im Bereich zwischen 50 cm und 80 cm.

BEETROSEN IM GARTEN

Die deutsche Bezeichnung Beetrose weist schon auf die typische Verwendung dieser Sorten hin, wobei dies ein klassisches, reines Rosenbeet sein kann aber nicht muss. Schon seit vielen Jahren ist auch bei Rosenbeeten ein Trend aus der englischen Gartenkultur hin zu sogenannten „mixed borders“, also gemischten Beeten spürbar. Als Begleiter oder Partner für Rosen bieten sich hierbei diverse Sommerblumen, Stauden, Halbsträucher oder auch einige Gräser an. Aufrecht wachsende Typen kommen in kleinen Gruppen von drei bis fünf Pflanzen am besten zur Geltung, während sich breitbuschige Formen auch im Einzelstand ideal platzieren lassen oder in größeren Pflanzgefäßen auf Terrasse oder Balkon eine gute Figur machen.

IM GARTEN

WORAUF

MUSS ICH ACHTEN?

- Beetrosen am besten in Gruppen zu dritt oder fünft pflanzen.
- Rosen brauchen Dünger, die Pflanznachbarn sollten damit klar kommen. Hungerkünstler aus dem trockenen Kiesgarten sind keine guten Staudennachbarn.
- Prachtstauden und viele Gräser sind ideale Rosenpartner.

Rosenbeete

- Beetrosen bestechen vor allem durch ihre Blütenfülle und haben ihren Namen, weil man sie früher gerne in reinen Rosenbeeten gepflanzt hat. Diese oft etwas nüchtern wirkende Verwendung ist heute aber zunehmend außer Mode gekommen.
- Vielmehr werden Beetrosen heutzutage gerne zusammen in gemischter Pflanzung mit Sommerblumen oder Stauden kombiniert – hierbei sollte man nur unbedingt darauf achten, dass die Ansprüche der Begleitpflanzen an Düngung und Feuchte des Bodens zu denen der Rose passen.

Beetrosen mit Stauden

- Auch vor einer zu dichten Pflanzung ist zu warnen – zwar zeichnen sich die meisten aktuellen Beetrosen-Züchtungen durch eine zuverlässiger Blattgesundheit aus, doch führt mangelnde Durchlüftung im Beet immer dazu, dass das Laub nach Regen nur langsam trocknen kann. Und diese lange Blattnässedauer fördert dann den Befall mit lästigen Pilzkrankheiten wie Sternrußtau oder Mehltau.

KOSMOS

SOFORTHELFER

Weil Rosenzüchter auch stets zwischen den klassischen Rosengruppen hin und her kreuzen, entstehen auch immer wieder Misch-Typen, die sich verschiedenen Klassen zuordnen lassen. Polyantha- und Floribundarosen hat man unlängst zur Gruppe der Beetrosen zusammengefasst und Bodendeckerrosen nennt man heute lieber Kleinstrauchrosen, die sich meist auch im Beet gut machen.

SCHNEIDEN

WAS
BRAUCHE ICH?

- Rosenschere
- Handschuhe
- Astschere

WORAUF
MUSS ICH ACHTEN?

- Je stärker der Rückschnitt, desto stärker der Neuaustrieb.
- Benutzen Sie nur saubere, scharfe Schneidwerkzeuge.
- Achten Sie beim Schneiden auf die Augen (Knospen) und schneiden Sie immer knapp darüber.

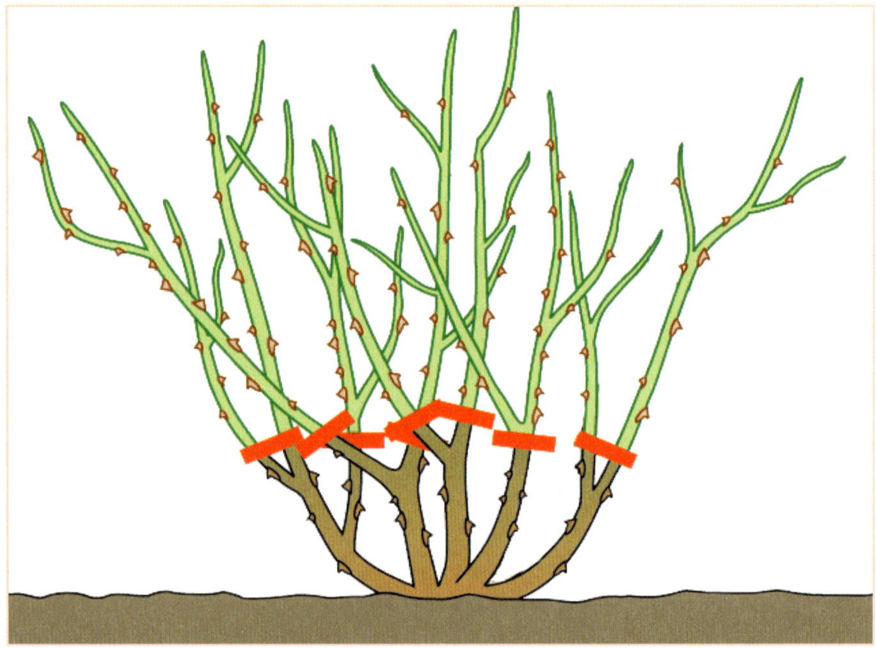

Beetrosenschnitt

- Der Schnitt der Beetrosen sollte grundsätzlich immer erst im Frühjahr erfolgen. Der genaue Zeitpunkt dafür kann je nach Region variieren – als geeignetes Startsignal nimmt man sich daher einen Termin im Kalender von „Mutter Natur“: die nicht zu übersehende Blüte der Forsythien. Zögern Sie trotzdem nicht mit dem Schneiden, sollten die Rosen dann schon einmal leicht ausgetrieben sein – das Einkürzen schadet ihnen nicht.

KOSMOS

SOFORTHELFER

Manche Rosensorten neigen dazu, starke Triebe mit massiven Dolden auszubilden, was dann zu einem sehr unruhigen Wuchsbild führen kann. Erkennt man das früh genug, kann man solchen „Ständer-Trieben" mit der Schere oder einfach den Fingern die Spitze nehmen. Das verzögert zwar etwas die Blüte, fördert aber die Verzweigung und ergibt so einen harmonischeren Wuchscharakter.

- In der Regel kürzt man Beetrosen auf ein Drittel ihrer Wuchshöhe ein – eine Sorte, die im Sommer 60 cm hoch war, kürzt man also auf etwa 20 cm ein. Dabei entfernt man möglichst auch totes und dünnes Holz aus der Basis der Pflanze.

Wer sich scheut, so hart zu schneiden, der mag sich vorstellen, dass die Rose in der Natur als typisches Waldrandgehölz an jährlichen „Rückschnitt" durch Wildverbiss gewöhnt ist – so wir die Pflanze regelmäßig verjüngt.

WEISSE UND ROSA SORTEN

Alabaster®

Tantau 2007

Alabaster besticht durch cremeweiße, lange haltbare Blüten im Kontrast zu dunkelgrünen, glänzenden Blättern. Wirkt sehr schön in Gruppen und ist für eine Pflanzung im Kübel geeignet.

Wuchs

- üppig, rund wachsend, 0,6–0,9 m hoch

Blüten

- cremeweiß, in Dolden mit 3–5 Blüten

Hermann-Hesse-Rose®

Noack 2008, ADR-Rose 2010

Beetrose mit Edelrosencharakter und glänzender, sehr gesunder Belaubung. Die Blüten zeigen gute Wetterbeständigkeit.

Wuchs

- aufrecht buschig, 0,7-0,8 m hoch

Blüten

- cremeweiß bis zart lachsfarben, stark gefüllt, edel geformt in Dolden

KOSMOS®

Kordes 2006, ADR-Rose 2007

Verschmelzung moderner Formen der edlen Blütenknospen mit dem Charme Historischer Rosen in den offenen Blumen.

Wuchs

- breit buschig, bis 0,7 m hoch

Blüten

- cremeweiß, stark gefüllt, nostalgische Form, edelrosenartige Knospe, zarter Duft, besonders bei warmem Wetter

Lions-Rose®

Kordes 2002, ADR-Rose 2002

Mit dem unaufdringlichen Charme ihrer cremefarbenen Blüten, die in der Mitte einen Hauch von Apricot zeigen, hat sich diese Rose in die Herzen vieler Rosenfans geschlichen.

Wuchs

- aufrecht buschig, 0,7–0,8 m hoch

Blüten

- cremeweiß, im Aufblühen mit einem Hauch von Apricot und Rosa, Duft

Baronesse®

Tantau 2009

Robuste Beetrose mit nostalgischem Flair, geeignet für Vasenschnitt und auch schön als Rosenstämmchen.

Wuchs
- buschig kompakt; 0,6-0,8 m hoch

Blüten
- intensiv magentapink, rosettenartig gefüllt, sehr lange haltbar

Crescendo®

Noack 2003, ADR-Rose 2005

Die Sorte bezaubert durch die großen rosa Blüten und deren nostalgischen Charakter. Sie eignet sich für den Vasenschnitt.

Wuchs
- breit buschig, starkwüchsig, 0,8–0,9 m hoch

Blüten
- reinrosa, gefüllt, groß, nostalgisch

Garden of Roses®

Kordes 2007, ADR-Rose 2009

Charme und Farbspiel einer Englischen Rose geschrumpft auf den Wuchs einer kompakten Beetrose.

Wuchs
- kompakt, aufrecht buschig, bis 0,5 m hoch

Blüten
- cremeweiß bis pastellrosa, reich gefüllt, nostalgische Form

Novalis®

Kordes 2010

Sehr blattgesunde Beetrosen-Neuheit mit ungewöhnlicher Blütenfarbe.

Wuchs
- buschig aufrecht, 0,8–1 m hoch

Blüten
- fliederfarben, reichgefüllte Blütenschalen mit nostalgischem Charakter, stets in kleinen Dolden umrahmt von rötlichen Blütenknospen, zarter Duft

ROSA UND GELBE SORTEN

Leonardo da Vinci®

Meilland 1993

Ein ausgesprochener Publikumsliebling, der durch die attraktiven, sehr regenfesten Blüten und die Reichblütigkeit ein Blickfang in Gärten und Parks ist.

Wuchs

- aufrecht buschig, 0,4–1 m hoch

Blüten

- dunkelrosa, dicht gefüllt, rosettenartig

Pastella®

Tantau 2004, ADR-Rose 2007

Blüten romantisch verspielt, reichblühend, beliebte Gartenrose wie für Rabatten und Beete gemacht. Auch gut für den Vasenschnitt geeignet.

Wuchs

- dicht buschig, 0,6–0,8 m

Blüten

- schalenförmig, cremeweiß mit rosa Rand (je nach Witterung), duftend

Pomponella®

Kordes 2005, ADR-Rose 2006

Wegen ihrer romantischen Blütenform im Stil Historischer Rosen besonders beliebt. Die festen Blütenblätter lassen die Sorte auch sehr lange in der Vase halten.

Wuchs

- buschig aufrecht, 0,8–0,9 m hoch

Blüten

- kräftig rosa, kugelförmig gefüllt, in reichen Dolden

Utopia®

Delbard 2009, ADR-Rose 2008

Beetrose vom Typ einer Polyantha mit sehr reicher Blüte und zuverlässiger Blattgesundheit.

Wuchs

- kräftig und aufrecht, bis 0,9 m hoch

Blüten

- karminrosa, im Abblühen hellrosa, halbgefüllt und kugelig in reichen Dolden

Debüt®

Noack 2012, ADR-Rose 2011

Besonders reichblühende Beetrose mit dunkelgrün-glänzender, sehr gesunder Belaubung. Gut geeignet auch in Pflanzkübeln.

Wuchs
- buschig kompakt; 0,6-0,7 m hoch

Blüten
- hellgelb, mittelgroß und gefüllt in Dolden

Gartenspaß®

Kordes 2009

Die farbenfrohe Beetrose wurde 2009 von Gräfin Bettina Bernadotte auf der Insel Mainau getauft.

Wuchs
- aufrecht buschig wachsend, 0,7–0,8 m hoch

Blüten
- gelb mit rotem Rand, stark gefüllt

Hansestadt Rostock®

Tantau 2010

Vitale und frohwüchsige Beetrose zur Pflanzung in Gruppen bis Großflächen im Privatgarten oder Öffentlichen Grün.

Wuchs
- dichtbuschig; 0,6-0,8 m hoch

Blüten
- bernstein- bis apricotfarben, gut gefüllt in kompakten Dolden, leichter Duft

Marie Curie®

Meilland 1997

Marie Curie® besticht durch ihre auffällige kupfergelbe bis goldbraune Blütenfarbe. Die Sorte eignet sich auch für eine Pflanzung im Kübel.

Wuchs
- aufrecht buschig, kräftig, 0,4–0,6 m hoch

Blüten
- goldbraun, halbgefüllt, leichter Duft

GELBE UND ROTE SORTEN

Stuttgardia®

Kordes 2012

Gleichmäßig wachsende und reichblühende Beetrose, durch hohe Blattgesundheit und gute Selbstreinigung geeignet für Privatgarten und Öffentliches Grün.

Wuchs
- aufrecht buschig, 0,7-0,8 m hoch

Blüten
- halbgefüllt, intensiv gelb gefärbt und auch bei starker Sonneneinstrahlung kaum verblassend

Westzeit®

Noack 2004, ADR-Rose 2007

Eine wunderschöne Sorte mit außergewöhnlicher Blütenfarbe, gut abgestimmt zum dunkelgrünen Laub, und leichtem Duft.

Wuchs
- aufrecht buschig, 0,6–0,7 m hoch

Blüten
- orange, apricot bis rosa, halbgefüllt

Cantario®

Noack 2005, ADR-Rose 2004

Schöne, gesunde Beetrose in leuchtendem Rot, die sich wegen des kompakten Wuchses gut für kleine Gärten und Beete sowie Kübel eignet.

Wuchs
- kompakt, dichtbuschig, bis 0,6 m hoch

Blüten
- leuchtend rot, rundlich, rispenartiger Blütenansatz, Blütenreichtum

Erfordia®

Matthews 2002

Dunkelrote, stark gefüllte Beetrose mit langer Blütezeit bis zum Frost.

Wuchs
- aufrecht buschig, starkwüchsig, 0,9–1,2 m hoch

Blüten
- dunkelrot, in Dolden

Jugendliebe®

Kordes 2010

Eine neue Beetrose in der klassischen Rosenfarbe: Dunkelrot. In einem reinen Rosenbeet genauso vorstellbar wie in kleinen Gruppen.

Wuchs

- schlank aufrecht, 0,7–0,8 m hoch

Blüten

- edelrosenartig, öffnen sich zu gefüllten Blütenschalen, die teils einzeln, teil in Dolden stehen, die dunkelrote Farbe bleibt auch im Verblühen stabil.

Out of Rosenheim®

Kordes 2010

Willkommene Ergänzung des Sortiments roter Beetrosen im Stile Historischer Sorten.

Wuchs

- schlank aufrecht, 0,7–0,8 m hoch

Blüten

- mittelrot, tellerförmig, sehr reich gefüllt mit nostalgischem Charakter, sehr wetterfest, spätblühend

Rouge Meilove®

Meilland 2004, ADR-Rose 2004

Gefällt wegen der Reichblütigkeit und der dunkelroten Farbe. Sie ist robust, gesund und eignet sich auch für die Bepflanzung von größeren Flächen.

Wuchs

- breit buschig, aufrecht, 0,4–0,6 m hoch

Blüten

- dunkelblutrot, stark gefüllt

Sinea®

Noack 2007, ADR-Rose 2006

Schönes Bordeauxrot, rötlich gefärbter Austrieb, Hagebuttenschmuck und Gesundheit sind die Merkmale dieser Sorte.

Wuchs

- locker aufrecht, 0,7–0,9 m hoch

Blüten

- leuchtend bordeauxrot, halbgefüllt, in Dolden

EDELROSEN

EDELROSEN

OFT WERDEN DIE SORTEN DIESER GRUPPE AUCH ALS „TEE-HYBRIDEN" BEZEICHNET, WAS AUF IHRE ABSTAMMUNG VON DEN AUS CHINA ZU UNS GEKOMMENEN TEE-ROSEN HINWEIST. MIT IHREN HOCHGESCHLOSSENEN, SEHR ELEGANTEN BLÜTEN KOMMEN SIE UNSEREM IDEALBILD EINER ROSE SICHER AM NÄCHSTEN UND STANDEN AUCH FÜR VIELE JAHRZEHNTE IM MITTELPUNKT DES SCHAFFENS UNZÄHLIGER ROSENZÜCHTER.

ELEGANT UND DUFTEND

Typisch ist für Edelrosen weiterhin, dass ihre reich gefüllten Blüten zumindest im ersten Flor einzeln auf dem Stiel stehen, während sie später oft in kleinen Dolden von drei bis fünf Blüten erscheinen können. Der Wuchs ist dabei besonders bei älteren Sorten oft schlank aufrecht und erreicht eine Höhe von 70 cm bis hin zu 120 cm. Auch wer nach stark duftenden Sorten sucht, wird in der Gruppe der Edelrosen sicher fündig werden.

EDELROSEN IM GARTEN

Auch mit Edelrosen kann man reine Rosenbeete bepflanzen, wobei diese Form der Gestaltung in Zeiten immer kleiner werdender Gärten kaum noch Anwendung findet. Wie bei den Beetrosen bieten sich gemischte Pflanzungen mit geeigneten Begleitern an – nur wenige Edelrosen-Sorten haben aber einen so buschigen Wuchs, dass sie als einzelne Pflanze eine gute Wirkung erzielen, deshalb sollte man sie vorzugsweise in kleinen Gruppen setzen. Nicht nur ihr meist langer Blütenstiel, sondern auch die gefüllten Blüten mit oft guter Haltbarkeit machen viele Tee-Hybriden geeignet zum Vasenschnitt – wer sich also gerne mal eine Prise Garten in die Wohnung holt, dem werden Edelrosen sicher besonders viel Freude bereiten.

WORAUF

MUSS ICH ACHTEN?

- Edelrosen wirken am besten als Solitäre, in Gruppen zu dritt oder fünft.
- Im Staudenbeet sollten sie von ihren Nachbarn nicht zu sehr bedrängt werden.
- Viele Sorten duften verführerisch und sollten nah am Sitzplatz oder Weg stehen.

Edelrosen als Solitär

- Auch Edelrosen hat man früher gerne mit vielen Pflanzen einer Sorte in reinen Rosenbeeten gepflanzt. Diese klassische Verwendung findet man nur noch selten – schlank wachsende Sorten sollte man aber dennoch stets in kleinen Gruppen von mindestens drei Pflanzen setzen, um eine geeignete Wirkung zu erzielen. Besonders höher wachsende Sorten sollte man dabei im Hintergrund eines Beetes platzieren und gegebenenfalls mit einer niedrigeren Sorte unterpflanzen.

Edelrosen mit Stauden

- Unter neueren Edelrosen-Züchtungen finden sich aber auch immer mehr Sorten mit einem breitbuschigen Wuchs, die man auch problemlos einzeln setzen kann. Aufgrund dieser Eigenschaft bieten sie sich dann auch für eine Verwendung in gemischten Beeten mit einer Unterpflanzung durch Sommerblumen, Stauden oder Halbsträucher an. Um Blattkrankheiten möglichst zu vermeiden, sollte man aber immer auf eine gute Durchlüftung im Beet achten, damit die Blätter nach einem Regen schnell abtrocknen können.

KOSMOS

SOFORTHELFER

Eine ganze Reihe von Gartenrosen lassen sich auch für den Vasenschnitt verwenden. Reich gefüllte Blüten mit festen Petalen eignen sich dabei besonders gut, weil sie langsam aufblühen und lange halten. Aber auch einen guten Duft wünscht man sich natürlich, wenn man im Garten Blüten für die Wohnung schneidet – vereint findet man diese Eigenschaften am besten bei den Edelrosen.

SCHNEIDEN

WAS
BRAUCHE ICH?

- Rosenschere
- Handschuhe
- Astschere

WORAUF
MUSS ICH ACHTEN?

- Je stärker der Rückschnitt, desto stärker der Neuaustrieb.
- Benutzen Sie nur saubere, scharfe Schneidwerkzeuge.
- Achten Sie beim Schneiden auf die Augen (Knospen) und schneiden Sie immer knapp darüber.

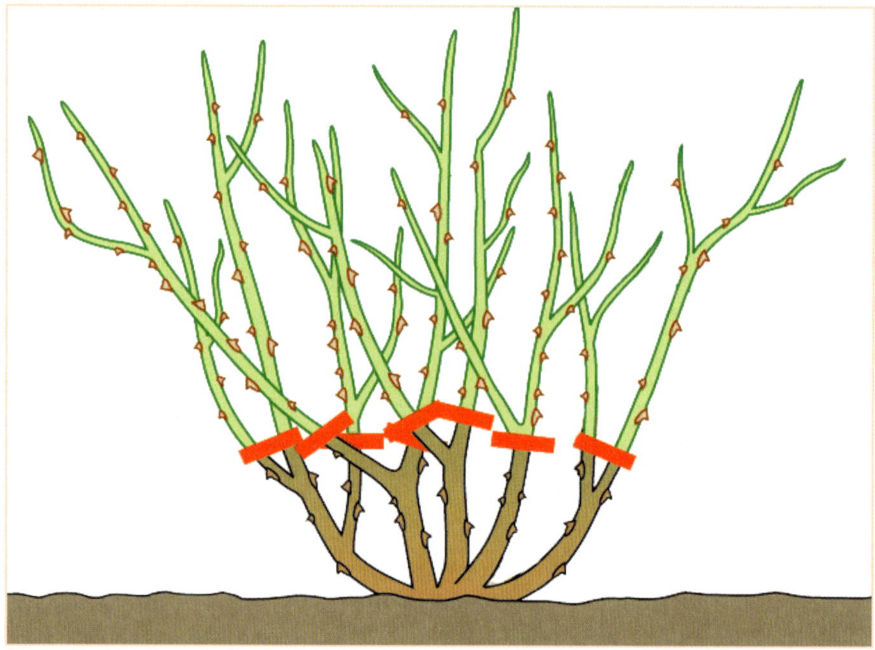

Edelrosenschnitt

- Wie auch die Beetrosen werden Edelrosen zu den Modernen Rosen gezählt, deren Blüten schon an den einjährigen Trieben erscheinen. Beim Schnitt kann man also gar nicht viel falsch machen, er sollte niemals schon im Herbst erfolgen, sondern stets erst im Frühjahr – die auffällige Forsythienblüte zeigt an, wann es losgehen kann. Ein Schnitt schon im Herbst könnte erhebliche Winterschäden zur Folge haben, da der Frost durch die frischen Schnittstellen in das Holz eindringen kann.

Das Ergebnis

- Wie schon bei den Beetrosen, gilt auch bei den Edelrosen die 2/3 – 1/3 Regel, das heißt man lässt beim Schnitt etwa ein Drittel der ursprünglichen Wuchshöhe stehen. Viele typische Edelrosen werden ca. 90 cm hoch, eine solche Sorte würde man also auf etwa 30 cm herunter schneiden. Dabei entfernt man auch totes Holz sowie dünne Triebe aus der Basis der Pflanze und sollte zudem darauf achten, dass nicht zu viele Knospen ins Innere der Pflanze zeigen, um später ein möglichst harmonisches Wuchsbild zu erzielen.

KOSMOS

SOFORTHELFER

Über den Winterschnitt kann man auch ein wenig die Form des Austriebs einer Rose beeinflussen. Schneidet man sehr hart, bis knapp über dem Boden zurück, so bleiben der Pflanze nur wenige Knospen für den Austrieb und dieser erfolgt mit kräftigen Trieben und weniger aber größeren Blüten. Mehr Blüten auf etwas dünneren Trieben gibt es dagegen bei mäßigem Rückschnitt.

WEISSE UND ROSA SORTEN

Ambiente®

Noack 2001

Neben einer für Edelrosen guten Blattgesundheit zeichnet sich Ambiente® durch Blühwilligkeit, die cremeweiße Farbe und die edle Blütenform aus.

Wuchs
- aufrecht buschig, 0,7–0,8 m hoch

Blüten
- cremeweiß, in der Mitte leicht gelb, gefüllt, lange haltbare Blumen, leicht duftend

Nostalgie®

Tantau 1995

Klassiker, gute Haltbarkeit in der Vase, Edelrose mit nostalgischen Blüten.

Wuchs
- aufrecht buschig, wird 0,7–1,2 m hoch

Blüten
- cremeweiß-kirschfarbig, ballförmig, blühfreudig

La Perla®

Kordes 2008, ADR-Rose 2009

Moderne Edelrose mit aufrechtem Wuchs, die kugelförmigen Blüten erinnern dabei eher an Historische Sorten – eine Verschmelzung von Zeitepochen mit sehr gesundem Laub.

Wuchs
- aufrecht buschig wachsend, 0,7–0,8 m hoch

Blüten
- stark gefüllt, kugelförmige Blüten, cremefarben, zarter Duft

Schloss Ippenburg®

Meilland 2006, ADR-Rose 2008

Intensiv duftende Edelrose mit großem Charme. Benannt nach Schloss Ippenburg.

Wuchs
- aufrecht buschig, 0,8–1 m hoch

Blüten
- lachsrosa, eine Blume pro Stiel

Beverly®

Kordes 2007

Eine Duftrose, die ihresgleichen sucht – in zahlreichen internationalen Rosenwettbewerben ausgezeichnet. Außergewöhnlich resistent gegen Sternrußtau, neigt aber zu Befall mit Mehltau.

Wuchs
- aufrecht buschig, reich verzweigt, 0,8–1 m hoch

Blüten
- kräftig bis zartrosa, stark gefüllt, intensiver Duft

Charisma®

Noack 2010, ADR-Rose 2012

Blüten groß, edel, duftend, in auffälligem Magentarot. Die Blüten sind lange haltbar und eignen sich für den Vasenschnitt.

Wuchs
- aufrecht buschig, 0,8–0,9 m hoch

Blüten
- magentarot, gefüllt, edel, blühwillig, guter Duft

Elbflorenz®

Meilland 2006, ADR-Rose 2007

Intensiver Duft, romantisch verspielte Blüten, Gesundheit und Blühwilligkeit kennzeichnen dieser Edelrose.

Wuchs
- aufrecht buschig, 0,7–0,9 m hoch

Blüten
- fuchsiarot, 1–4 Blüten pro Stiel, intensiver Zitronenduft

FOCUS®

Noack 1997

Mit FOCUS® hat das Züchterhaus Noack bereits 1997 Maßstäbe in der Gesundheit der Edelrosen gesetzt.

Wuchs
- breit buschig, starkwüchsig, bis 0,7 m hoch

Blüten
- lachsrosa, gefüllt, edel

ROSA UND GELBE SORTEN

Johann Wolfgang von Goethe®

Tantau 2010

Großblumige Edelrose mit robuster Belaubung, die gut für Vasenschnitt und Verwendung in klassischen Duftgärten geeignet ist

Wuchs
- rundbuschig, 1–1,2 m hoch

Blüten
- purpur-violettfarben, reich gefüllt, mit vollem Edelrosenduft

Parole®

Kordes 2001

Klassische Edelrose mit betörendem Duft und guter Blattgesundheit.

Wuchs
- aufrecht, stark, 0,8–1 m hoch

Blüten
- kräftig pink, lila überhaucht, gefüllt, sehr groß, edel, starker Duft

Pink Paradise®

Delbard 2011, ADR-Rose 2011

Robuste Edelrose mit glänzendem, sehr gesundem Laub zur Pflanzung in kleinen Gruppen oder gemischten Beeten.

Wuchs
- aufrecht buschig; etwa 0,8 m hoch

Blüten
- leuchtend rosa mit Gelb in der Blütenmitte, großblumig und edel geformt, gut duftend

Souvenir de Baden-Baden®

Kordes 2008, ADR-Rose 2010

Wüchsige und gesunde Edelrose mit romantisch geformten Blüten. Ihre langen Stiele machen sie zur perfekten Schnittrose.

Wuchs
- schlank aufrecht, 1–1,2 m hoch

Blüten
- stark gefüllt, creme-rosa, mit eingekerbten Blütenblättern, zarter Duft

Augusta Luise®

Tantau 1999

Entwickelt wunderschöne große Blüten mit süßem Edelrosenduft. Auch für eine Kübelpflanzung geeignet.

Wuchs
- aufrecht buschig, 0,8 m–1,2 m hoch

Blüten
- rosé bis apricot mit Rot und Gelb, groß

Inspiration®

Noack 2003, ADR-Rose 2005

Schönes Farbspiel von außen Rosa bis Gelbrosa in der Mitte. Eignet sich für den Vasenschnitt.

Wuchs
- aufrecht buschig, wird 0,7–0,8 m hoch

Blüten
- außen rosa, innen lachsrosa mit Gelb, edel, gefüllt

Mary Ann®

Tantau 2012

Wüchsige und widerstandsfähige Edelrose mit nostalgischem Flair, gut geeignet auch im Einzelstand und zum Vasenschnitt.

Wuchs
- kompakt und stark buschig wachsend; 0,7-0,9 m hoch

Blüten
- dunkelorange bis apricot je nach Witterung, schalenförmig geviertelt, Pfirsich-Duft

Pullmann Orient Express®

Baily Nurseries/Meilland 2002

Eine farbenfrohe Edelrose mit attraktiver Farbmischung aus Gelb und Rosa. Blühwilligkeit und Duft sind weitere Merkmale.

Wuchs
- aufrecht buschig, 0,6–0,8 m hoch

Blüten
- gelb- rosa, gefüllt, jede Blüte auf einem Stiel

GELBE UND ROTE SORTEN

Sunny Sky®

Kordes 2009

Edelrose mit guter Gesundheit und Wuchskraft. Kupfergelbe Knospen öffnen sich zu honiggelben Blüten, die im Verblühen heller werden. Blüht meist in Dolden, kann aber auch für die Vase geschnitten werden.

Wuchs

- buschig aufrecht, 1–1,2 m hoch

Blüten

- gelb, reich gefüllte, elegant geformte Blüten, zarter Duft

Winter Sun®

Kordes 2010

Eine Sorte mit relativ kompaktem Wuchs. Die Blüten stehen meist in Dolden auf kräftigen Trieben, dadurch ist sie eine der wenigen Edelrosen, die auch für Pflanzkübel auf der Terrasse geeignet ist.

Wuchs

- buschig kompakt, 0,6–0,7 m hoch

Blüten

- zitronengelb, im Verblühen heller, groß, gefüllt, zarter Duft

Black Magic®

Tantau 1995

Black Magic® wurde ursprünglich als Schnittrose angebaut und war unglaublich erfolgreich. Ihr samtiges Dunkelrot der Blüten und die klassische Form überzeugte.

Wuchs

- straff aufrecht, wüchsig, 0,8–1 m hoch

Blüten

- samtig dunkelrot, einzeln an langen Stielen

Duftfestival®

Meilland 2000

Der Duft nach Historischen Rosen ist so intensiv und gut, dass Duftfestival® dafür von internationalen Preisgerichten ausgezeichnet wurde.

Wuchs

- kräftig, aufrecht buschig, 0,4–0,6 m hoch

Blüten

- samtrot, nostalgisch verspielt, gute Form, eine Blume pro Stiel, intensiv duftend

Grande Amore®

Kordes 2004, ADR-Rose 2005

Blüten perfekt geformt. Belaubung ist für rot blühende Tee-Hybride sehr gesund, die langen Stiele perfekt für den Vasenschnitt.

Wuchs
- schlank aufrecht, gut verzweigt, 0,8–1 m hoch

Blüten
- leuchtendes Blutrot, mittelgroß, elegant geformt

Grande Classe®

NIRP International 2005

Grande Classe ist eine tiefrote Edelrose mit klassischer Blütenform, die sich zudem durch intensiven Duft auszeichnet.

Wuchs
- aufrecht buschig, 0,6–1 m hoch

Blüten
- leuchtend samtigrot, gefüllt, edel, duftend

Piano®

Tantau 2007

Piano® gefällt wegen der leuchtenden Farbe der Blüten, der nostalgischen Form und wegen des leichten Himbeerdufts.

Wuchs
- kräftig aufrecht, bis 1,5 m hoch

Blüten
- mittelrot, ballförmig, stark gefüllt, duftend

Traumfrau®

Kordes 2012

Sehr buschig wachsende Edelrose, daher auch gut im Einzelstand zu verwenden. Treibt auch ohne Sommerschnitt sehr reich durch.

Wuchs
- aufrecht und sehr dichtbuschig; 0,8-1 m hoch

Blüten
- mittelrot und dabei nicht verblassend, elegant geformt, romantisch gerüscht, zum Teil in Dolden

STRAUCHROSEN

STRAUCHROSEN

UNTER STRAUCHROSEN VERSTEHEN WIR IN DEUTSCHLAND BESONDERS WÜCHSIGE UND STARKTRIEBIGE ROSENSORTEN, DIE EINE WUCHSHÖHE VON MINDESTENS 1,20 M BIS HIN ZU 1,80 M ERREICHEN.

Ihre Blüten erscheinen wie bei den Beetrosen stets in reichen Dolden und auch die Blütenfüllung variiert zwischen ganz einfachen bis hin zu nostalgisch gefüllten Schalen. Farben finden sich in der vollen Bandbreite der Rosen und auch intensiver Duft ist bei Vertretern dieser Gruppe keine Seltenheit. Moderne Strauchrosen sind in der Regel öfterblühend, doch auch viele Historische Rosen oder Wildrosen-Hybriden, die nur einmal im Jahr blühen, gehören prinzipiell in diese Gruppe. Im Wuchsbild können sich die Sorten unterscheiden – breitbuschige Typen finden sich ebenso wie straff aufrechte, die meisten Strauchrosen wachsen aber aufrecht bis bogig überhängend.

STRAUCHROSEN IM GARTEN

Ihr meist breiter, stabiler Wuchscharakter macht Strauchrosen zu den idealen Kandidaten für den Einzelstand, wobei eine Unterpflanzung mit Begleitpflanzen die Wirkung der Rose durchaus unterstreichen kann. Doch auch als Rosenhecke oder im Hintergrund gemischter Rabatten finden Vertreter dieser Gruppe vielseitige Verwendung. Des Weiteren ist bei vielen Strauchrosen der Übergang zur Gruppe der Kletterrosen ein fließender – Sorten, die in Norddeutschland auf magerem Sandboden als Strauch wachsen, können in milderen Lagen oder auf nährstoffreicheren Lehmböden durchaus Fähigkeiten als Kletterrosen entwickeln und entsprechend als solche eingesetzt werden.

WORAUF

MUSS ICH ACHTEN?

- Strauchrosen sind Allroundtalente und passen (fast) überall in den Garten.
- Viele starkwüchstige Sorten lassen sich auch als Kletterrose (Climber) ziehen.
- Einige Strauchrosensorten erreichen beachtliche Ausmaße! Denken Sie bei der Standortwahl an die Endgröße des Rosenbusches.

Strauchrosen im Garten

- Strauchrosen bringen wie Beetrosen ihre Blüten stets in Dolden hervor, nur dass sie dabei wesentlich stärker wachsen – sie erreichen je nach Klima und Beschaffenheit des Bodens Höhen von 120 cm bis hin zu 2 m. Ihr Wuchs ist meist breitbuschig, mal eher aufrecht oder mit bogig überhängenden Trieben. Aufgrund ihres Wuchscharakters sind Strauchrosen aber immer die geeigneten Kandidaten, um im Einzelstand gepflanzt zu werden. Bedenken Sie bei der Standortwahl unbedingt die spätere Wuchshöhe der Pflanze.

KOSMOS
SOFORTHELFER

Als Historische Rosen bezeichnet man alle Züchtungen, die vor dem Jahr 1867 in den Handel gebracht wurden, wobei man diesen Wendepunkt nicht immer allzu streng sehen sollte. Dem überwiegenden Teil dieser alten Sorten fehlt gegenüber Modernen Rosen noch die Eigenschaft des Öfterblühens – sie blühen also nur einmal, oft aber sehr lang anhaltend mit Schwerpunkt im Juni.

Strauchrosen im Garten

- Im Sortiment der Strauchrosen finden sich ganz verschiedene Typen – Moderne Sorten, die mehrmals im Jahr blühen aber auch einmalblühende Sorten, zu denen die meisten Historischen Rosen und auch Wildrosen-Hybriden zählen. Besonders die letztgenannten können enorme Wuchshöhen erreichen und sollten deshalb einen Standort mit viel Platz bekommen. Auch die meisten der sogenannten „Englischen Rosen" aus der Züchtung von David Austin zählt man zu den Strauchrosen, allerdings zu den öfterblühenden, modernen Sorten.

SCHNEIDEN

WAS
BRAUCHE ICH?

- Rosenschere
- Handschuhe
- Astschere

WORAUF
MUSS ICH ACHTEN?

- Je stärker der Rückschnitt, desto stärker der Neuaustrieb.
- Benutzen Sie nur saubere, scharfe Schneidwerkzeuge.
- Achten Sie beim Schneiden auf die Augen (Knospen) und schneiden Sie immer knapp darüber.

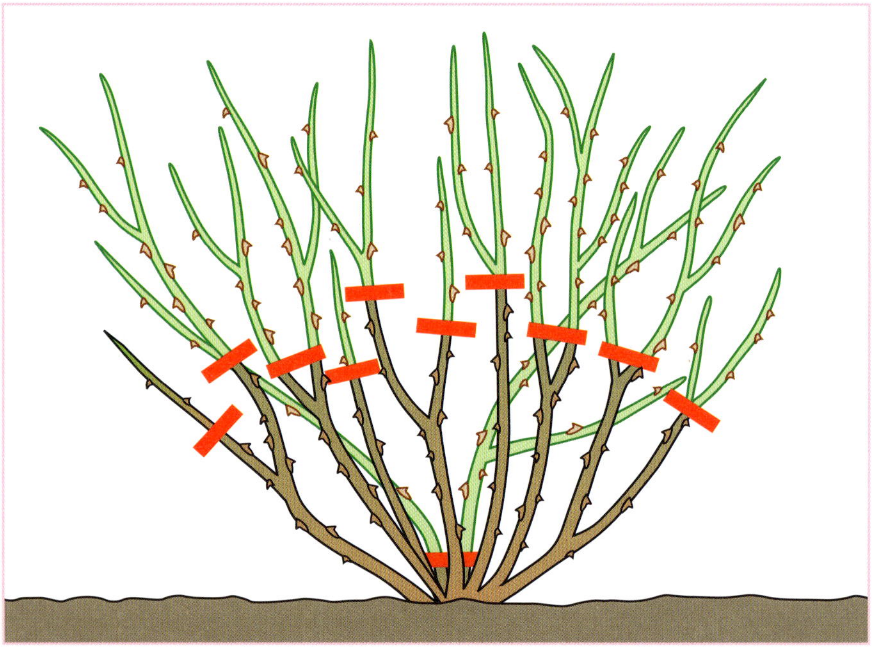

Öfterblühende Strauchrosen schneiden

- Beim Schnitt von Strauchrosen gilt es zwischen einmal- und öfterblühenden Typen zu unterscheiden. Die meisten im Handel erhältlichen Modernen Sorten sind heute öfterblühend, das heißt sie blühen schon an den einjährigen Trieben und werden wie Beet- und Edelrosen auch im Frühjahr geschnitten. Um aber ein für Rosen im Einzelstand typisches Wuchsbild zu erzeugen, fällt der Rückschnitt weniger stark aus – maximal auf die Hälfte der ursprünglichen Wuchshöhe werden die Triebe eingekürzt.

Einmalblühende Strauchrosen schneiden

- Weil einmalblühende Rosen ihre Blüten erst an zweijährigen Trieben hervorbringen, gilt für die Strauchrosen dieser Kategorie ein anderer Zeitpunkt für den Schnitt. Würde man solche Typen wie Moderne Rosen im Frühjahr hart schneiden, ginge ein großer Teil des wertvollen Blütenholzes verloren – deshalb schneidet man sie im Sommer direkt nach der Blüte. Dabei kürzt man die Triebe nur leicht ein und entfernt etwas Holz aus der Mitte der Pflanze, die so noch Zeit hat, neue Triebe zu bilden, die im Folgejahr blühen.

KOSMOS

SOFORTHELFER

Einmalblühende Strauch- oder Kletterrosen bilden ihre Blüten nur an 2jährigen Trieben. Schneidet man solche Sorten also zu hart im Frühjahr, so würde das viel wertvolles Blütenholz kosten. Stattdessen werden Rosen dieses Typs im Sommer nach der Blüte nur leicht ausgelichtet und ihre jungen Triebe geschont, damit diese im Folgejahr kräftig blühen können.

WEISSE SORTEN

Artemis®

Tantau 2009

Schöne weiße Strauchrose mit grünlich überhauchten Petalen und einem Duft nach Anis. Reichblütigkeit und Wüchsigkeit sind weitere Merkmale.

Wuchs
- aufrecht buschig, 1,2–1,3 m hoch

Blüten
- weiß mit grünlichem Anflug, gefüllt, ballförmig, in reichblumigen Dolden, duftend

Claire Austin

Austin 2007

Englische Rose, die durch die Farbe, den runden Wuchs und den guten Duft nach Myrrhe mit Vanille und Wiesenblumen auffällt.

Wuchs
- buschig, bis 1 m hoch

Blüten
- erst blassgelb, dann cremefarben, rundlich, gefüllt, intensiver Duft

Suaveolens

schon vor 1750 kultiviert, Alba-Rose

Im 19. Jahrhundert aus Bulgarien eingeführt, wo sie zur Gewinnung von Rosenöl kultiviert wurde. Blüht im Juni und Juli mit zahlreichen Büten, danach länglichen Hagebutten.

Wuchs
- breit buschig, aufrecht bis locker überhängend, bis 3 m hoch

Blüten
- cremeweiß, gefüllt, Bienenweide, Duft nach Linde

Mme Hardy

Hardy 1832, Damaszener-Rose

Der fantastische Duft und die reinweiße Farbe der Blüten mit dem grünen Jade-Auge begeistern nicht nur Liebhaber Alter Rosen.

Wuchs
- aufrecht, überhängend, bis 1,8 m hoch

Blüten
- reinweiß, vollkommen gefüllt, einmalblühend im Juni/Juli, guter Duft

Nevada

Dot 1927

Eindrucksvolle Strauchrose, die reich blüht und sich im Herbst mit attraktiven flaschenförmigen Hagebutten schmückt. Wird auch gerne als Hecke gepflanzt.

Wuchs

- kräftig, überhängend, bis 2,5 m hoch

Blüten

- weiß im Juni/Juli, halbgefüllt, goldgelbe Staubgefäße, im Herbst remontierend, duftend

Pretty® Snow

Meilland 2008, ADR-Rose 2009

Blütenreichtum, Gesundheit, offene, weiße Blüten mit leuchtenden Staubgefäßen zeichnet diese französische Kleinstrauchrose aus, die wegen der Höhe auch als Strauchrose verwendet werden kann.

Wuchs

- bogig überhängend, 0,8–1 m hoch

Blüten

- reinweiß, ungefüllt, leuchtend gelbe Staubgefäße

Summer Memories®

Kordes 2004

Romantisch geformte Blütenschalen, die an Historische Rosen erinnern und doch eine dauerblühende moderne Sorte ist. Dazu noch eine sehr gesunde Belaubung.

Wuchs

- aufrecht buschig, 1,2–1,5 m hoch

Blüten

- cremeweiß, stark gefüllt, nostalgische Form, duftend

William & Catherine®

Austin 2011

Strauchrose benannt anlässlich der Englischen Prinzenhochzeit mit den typisch nostalgischen Blütenschalen einer Austin-Züchtung und guter Blattgesundheit.

Wuchs

- aufrecht buschig; 1–1,2 m hoch

Blüten

- cremeweiß bis reinweiß, stark gefüllt, Myrrheduft von mittlerer Intensität

ROSA SORTEN

Cinderella®

Kordes 2003

Romantische Strauchrose, die in milden Lagen besser als Kletterrose gezogen werden sollte, wo sie eine Höhe von 2 m erreichen kann. Kräftiger Duft nach grünem Apfel.

Wuchs

- aufrecht, sehr buschig, 1,5–1,8 m hoch

Blüten

- zartrosa, stark gefüllt, nostalgisch geformt, groß, intensiver Duft

Eden Rose® 85

Meilland 1985

Kann als Strauch- oder in milden Gegenden auch als Kletterrose gezogen werden. Große romantischen Blüten in Hellrosa bis Weißrosa.

Wuchs

- aufrecht buschig, 1–3,5 m hoch

Blüten

- hellrosa, stark gefüllt, rosettenartig

Flashlight®

Noack 2006, ADR-Rose 2006

Blüht sehr gut auf, starke Blütenstiele, die Blüte kippt bei Regen nicht um, sehr gute Frosthärte und gute Blattgesundheit. Sie ist eine der neuen Sorte, die zeigt, dass Duft und Blattgesundheit züchterisch vereinbar sind.

Wuchs

- locker aufrecht, 1–1,2 m hoch

Blüten

- leuchtend rosa bis hellrosa, gefüllt, in Dolden, duftend

Fritz Nobis

Kordes 1940

Ein Klassiker unter den einmalblühenden Strauchrosen, Wildrosen-Hybride mit Abstammung aus *Rosa rubiginosa*, was ihr eine exzellente Frosthärte beschert.

Wuchs

- kräftig, aufrecht bis bogig überhängend, bis 2 m hoch

Blüten

- hellrosa, innen gelblich, edel und gut gefüllt, blüht einmal im Juni/Juli

Gartenträume®

Tantau 2005

Besticht durch die nostalgischen rosa Blütenblätter und den starken Rosenduft.

Wuchs
- buschig, kompakt, 0,9–1,4 m

Blüten
- rosa, schalenförmig, nostalgisch, gefüllt, intensiv duftend

Herkules®

Kordes 2007

Eine ungewöhnliche Rose, an der sich oft die Geister scheiden. Ihre fliederblauen Knospen öffnen sich zu cremefarbenen Blüten, die im Verblühen fast grau aussehen.

Wuchs
- aufrecht, etwas überhängend, 1,2–1,5 m hoch

Blüten
- zart lavendelfarben, stark gefüllt, Duft nach Birne

Jacques Cartier

Moreau-Robert 1868, Portland-Rose

Guter Damaszenerrosenduft, leuchtendes Rosa und eine Blütezeit von Juni bis Oktober. Eine der beliebtesten Historischen Rosen, zumal sie meist bis zum ersten Frost blüht.

Wuchs
- sehr buschig, kuppelförmig, bis 1,5 m hoch

Blüten
- leuchtend rosa, stark gefüllt, geviertelt mit kurzen Blütenblättern

Königin von Dänemark

Booth 1816, Alba-Rose

Die Dunkelste der Alba-Rosen, sehr guter Duft, leuchtend rosa Blüten.

Wuchs
- breit buschig, überhängend, 1,5–2 m hoch

Blüten
- leuchtend rosa, nach außen hin aufhellend, dicht gefüllt, becherförmig, einmalblühend Juni/Juli

ROSA UND GELBE SORTEN

La Rose de Molinard®

Delbard 2008, ADR-Rose 2007

Wüchsige Strauchrose mit sehr stabiler Blattgesundheit, geeignet für Einzelstand oder auch kleine Spaliere.

Wuchs
- kräftig, aufrecht bis bogig überhängend, bis 1,5 m hoch

Blüten
- dunkelrosa, reich gefüllt und nostalgisch geformt, starker Duft nach Veilchen und Iris.

Princess Alexandra of Kent

Austin 2007

Reinrosa Strauchrose mit typischen Austin-Blüten. Gefällt auch wegen des starken Dufts, der sich von Tee nach Zitrone und schließlich schwarzer Johannisbeere verändert.

Wuchs
- aufrecht buschig, bis 1 m hoch

Blüten
- reinrosa, gefüllt, duftend

Strawberry Hill

Austin 2006

Schöne Strauchrose, die in milden Gegenden auch als Kletterrose gezogen werden kann. Mit angenehmen Duft nach Myrrhe mit einem Anflug von Zitrone.

Wuchs
- locker, leicht überhängend, bis 1,2 m hoch

Blüten
- reines, kräftiges Rosa, zu den Rändern hin verblasst die Farbe allmählich zu etwas hellerem Rosa, duftend

Zaide®

Kordes 2007

Moderne Strauchrose mit romantischem Flair. Ihre stark gefüllten Blüten duften gut und die Pflanze baut sich harmonisch auf. Einzeln oder in Kombination mit Stauden oder Gehölzen.

Wuchs
- aufrecht buschig, wird 1,2–1,5 m hoch

Blüten
- reinrosa, reich gefüllt, nostalgisch geformt, groß, in kleinen Dolden, duftend

Arabia®

Tantau 2010

Klassische Strauchrose mit guter Blattgesundheit für Verwendung in Einzelstellung, gemischten Pflanzungen oder auch als niedrige Hecke.

Wuchs

- aufrecht buschig; 1,2–1,5 m hoch

Blüten

- dunkelkupferorange bis hellpfirsichfarben, in kompakten Dolden, lange haltbar, würziger Duft

Frühlingsgold

Kordes 1937

Ein echter Klassiker, der sich schon über 70 Jahre im Sortiment gehalten hat. Zwar blüht die Sorte nur einmal, dafür aber so früh wie kaum eine andere und macht so ihrem Namen alle Ehre.

Wuchs

- bogig überhängend, 2,5 m hoch, 2 m breit

Blüten

- goldgelb, im Verblühen heller, einfach, einmalblühend, guter Duft

Golden Celebration®

Austin 1992

Blüten groß, rund. In milden Klimaten kann diese Rose auch als Kletterrose gezogen werden.

Wuchs

- aufrecht buschig, bis etwa 1,5 m hoch

Blüten

- intensiv goldgelb, stark gefüllt, groß, Duft: Teerosenduft, der sich später mit Wein- und Erdbeertönen mischt

Herzogin Friederike®

Noack 2002

Reich blühende Rose mit wunderschönem Farbspiel, guter Fernwirkung und Hagebuttenschmuck. Für einen guten Folgeflor ist ein Sommerrückschnitt nötig.

Wuchs

- aufrecht buschig, 1,3–1,5 m hoch, etwa 1,2 m breit

Blüten

- lachsrosa mit gelber Mitte, halbgefüllt, in Dolden

GELBE UND ROTE SORTEN

Lady Emma Hamilton®

Austin 2005

Der intensive Duft ist fruchtig – nach Birne, Traube und Zitrusfrüchten.

Wuchs
- aufrecht buschig, 0,9–1,2 m hoch

Blüten
- innen sattes mandarinenfarbenes Orange, außen gelborange, gefüllt, duftend

Postillion®

Kordes 1998, ADR-Rose 1996

Kräftig gelb blühende Sorte mit gutem Duft und hoher Blattgesundheit. Baut sich im Einzelstand zu einer harmonisch wachsenden Pflanze auf.

Wuchs
- kräftig, aufrecht, wird 1,2–1,5 m hoch

Blüten
- leuchtend gelb, gefüllt, meist in Dolden, guter Duft

Pretty® Sunrise

Meilland 2005, ADR-Rose 2007

Das schöne Farbenspiel der Blüten und die auffälligen Staubgefäße machen die Sorte zu einem Blickfang.

Wuchs
- buschig aufrecht, 0,8–1,2 m hoch

Blüten
- pfirsichgelb, rötlich überlaufen

Shining Light®

Noack 2011, ADR-Rose 2009

Reichblühende Strauchrose mit exzellenter Blattgesundheit und zudem guter Winterhärte. Verwendung im Einzelstand, gemischter Pflanzung oder als Hecke.

Wuchs
- aufrecht breitbuschig; bis 1,3 m hoch und 1,1 m breit

Blüten
- leuchtend gelb, großblumig, gefüllt in Dolden

Red Eden Rose®

Meilland 2002

Gefällt wegen ihrer dunkelroten Blüten mit nostalgischem Charme und dem fruchtigen Duft. Kann in milden Gegenden auch als Kletterrose gezogen werden.

Wuchs
- aufrecht buschig, wird 1–1,5 m hoch

Blüten
- johannisbeerrot bis dunkelrot, dicht gefüllt, guter Duft

Roter Korsar®

Kordes 2004, ADR-Rose 2005

Wüchsige Strauchrose, in milden Lagen auch Kletterrose. Sonst erreicht sie meist eine Höhe von 1,5 m, bis sie sich bogig überneigt. Blütenfarbe von unglaublicher Konstanz, nicht verblassend.

Wuchs
- aufrecht buschig, 1,2–1,5 m hoch

Blüten
- intensiv dunkelrot, halbgefüllt, schalenförmig, in reichen Dolden

Tornella®

Noack 2005

Kräftig wachsende Strauchrose mit dunkelgrün-glänzender, gesunder Belaubung. Vielseitige Verwendung vom Einzelstand bis hin zum Vasenschnitt.

Wuchs
- breitbuschig aufrecht mit sehr kräftigen Trieben; bis 1,5 m hoch

Blüten
- samtrot, sehr farbbeständig, dicht gefüllt in Dolden

Tuscany

1596, Gallica-Rose

Schmückt sich mit dunkelroten, purpurn überhauchten Blüten von Juni bis Juli.

Wuchs
- breit, überhängend, 1,5 m hoch

Blüten
- dunkelrot, purpurn überhaucht, Schalenblüten, einmalblühend im Juni/Juli.

KLEINSTRAUCH-ROSEN

KLEINSTRAUCHROSEN

DIE BEZEICHNUNG „KLEINSTRAUCHROSEN" FINDET NOCH NICHT ALLZU LANGE VERWENDUNG BEI DER KLASSIFIZIERUNG VON ROSEN – ZUVOR SPRACH MAN BEI ROSEN DIESES TYPUS OFT VON „BODENDECKERROSEN", WAS SICHER IN EINIGEN ROSENKATALOGEN AUCH HEUTE NOCH SO ZU LESEN IST.

Grund für diese durchaus gewollte Umbenennung ist in erster Linie, dass der Begriff „Bodendecker" den vielseitigen Wuchsformen der Kleinstrauchrosen von flach niederliegend, über breitbuschig bis hin zu buschig-aufrecht keinesfalls gerecht wurde. Auch ihre weitreichende Verwendung im Öffentlichen Grün hatte diesen Sorten zu Unrecht ein Image als „Verkehrsinsel-Rosen" eingebracht. Doch keine Rosengruppe bietet eine solche Fülle von Sorten mit enormem Blühreichtum und zudem exzellenter Blattgesundheit. Und genau ihre Vielfalt an Wuchstypen eröffnet eine ebensolche Vielfalt an Gestaltungsmöglichkeiten auch im Privatgarten.

KLEINSTRAUCHROSEN IM GARTEN

In ihrer klassischen Verwendung werden Kleinstrauchrosen oft in flächiger Pflanzung eingesetzt – wer also eine solche Fläche oder einen kleinen Hang im Garten begrünen will, wird in dieser Gruppe sicher fündig. Doch auch für gemischte Pflanzungen, kleine Gruppen, Einzelstand oder niedrige Rosenhecken finden sich bestimmt die geeigneten Kandidaten, ebenso für Pflanzgefäße auf Terrasse oder Balkon, in denen gerade breit wachsende Typen reizvoll über den Topfrand hängen. Nicht zuletzt werden Friesenwälle idealerweise mit Kleinstrauchrosen bepflanzt, und kräftig wachsende Sorten können sogar als kleine Kletterrosen etwa zur Begrünung von Zäunen Verwendung finden.

IM GARTEN

WORAUF

MUSS ICH ACHTEN?

- Bodendecker, Rose für die Kombination mit Stauden in gemischten Beeten – Kleinstrauchrosen sind flexibel.
- Ihre herausragenden Eigenschaften sind die Blühwilligkeit, die vielfältigen Wuchsformen.
- Betörende Düfte findet man bei dieser Gruppe allerdings selten.

Kleinstrauchrosen im Garten

- Die Kleinstrauchrosen sind sicher eine unterschätzte Rosengruppe, gerade was die Vielfalt an Möglichkeiten in der Gartengestaltung betrifft. Es finden sich etliche verschiedene Wuchstypen – eher aufrecht wachsende Sorten, die sich manchmal auch bei den Beetrosen finden, breitbuschig oder auch ganz flach wachsende Typen, mit denen man ideal größere Flächen begrünen kann. Gerade in kleineren Gärten kommen Kleinstrauchrosen aber im Einzelstand oder in gemischten Beeten bestens zur Geltung.

KOSMOS

SOFORTHELFER

Auch der Übergang zwischen kräftig wachsenden Bodendeckerrosen und Kletterrosen kann oft fließend sein. Etwas Fantasie und weniger „Schubladendenken" eröffnen manchmal ganz neue Möglichkeiten der Gartengestaltung. Besonders in kleinen Gärten kann eine hochgezogene Bodendecker-Sorte vielleicht besser geeignet sein, als eine deutlich stärker wachsende Kletterrose.

Kleinstrauchrosen im Garten

- Doch auch für Spezialaufgaben findet sich immer die geeignete Kleinstrauchrose – so sind überhängende Typen die richtige Wahl, wenn es gilt, Friesenwälle oder Mauerkronen zu bepflanzen. Wüchsige Sorten hingegen können, als kleine Kletterrose verwendet, so manchen unansehnlichen Gartenzaun verstecken. Auch zur Bepflanzung von größeren Gefäßen auf Terrasse oder Balkon bietet das Sortiment der Kleinstrauchrosen mit seiner Vielfalt an Farben und Formen sicher etwas für jeden Geschmack.

SCHNEIDEN

WAS

BRAUCHE ICH?

- Rosenschere
- Handschuhe
- Astschere

WORAUF

MUSS ICH ACHTEN?

- Je stärker der Rückschnitt, desto stärker der Neuaustrieb.
- Benutzen Sie nur saubere, scharfe Schneidwerkzeuge.
- Achten Sie beim Schneiden auf die Augen (Knospen) und schneiden Sie immer knapp darüber.

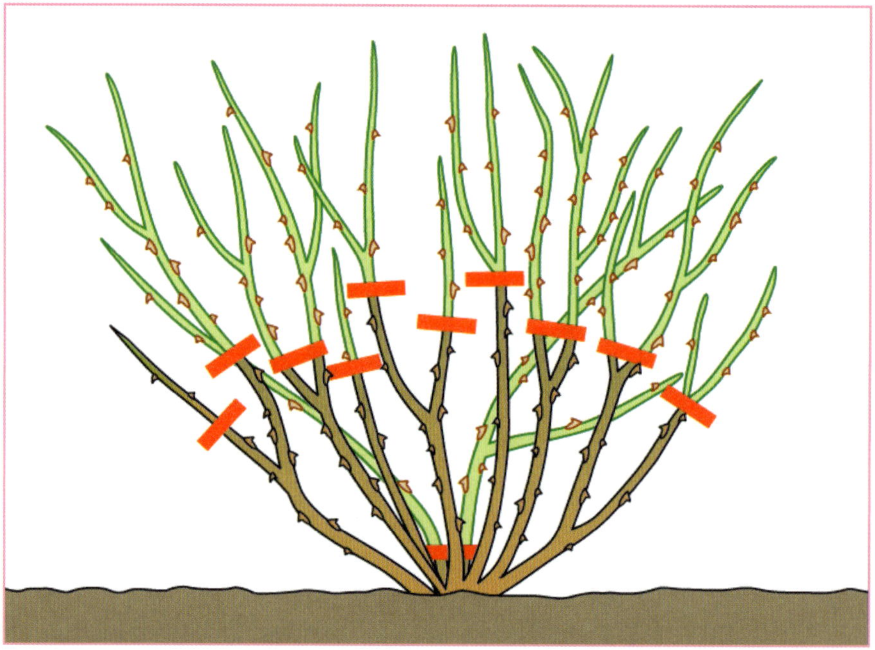

Kleinstrauchrosenschnitt – Methode 1

- In der Gruppe der Kleinstrauchrosen finden sich innerhalb des Rosensortiments sicher die robustesten Typen – entsprechend hart rannehmen kann man sie auch, wenn es um Pflege oder Schnitt geht. Im Öffentlichen Grün, wo viele dieser Sorten ebenfalls Verwendung finden, erhalten sie oft nur einen Winterschnitt – meist lediglich mit einer Heckenschere. Auch im Hausgarten kann man das ebenso handhaben, es darf aber auch gerne mit Hilfe der Rosenschere ein wenig zivilisierter zugehen.

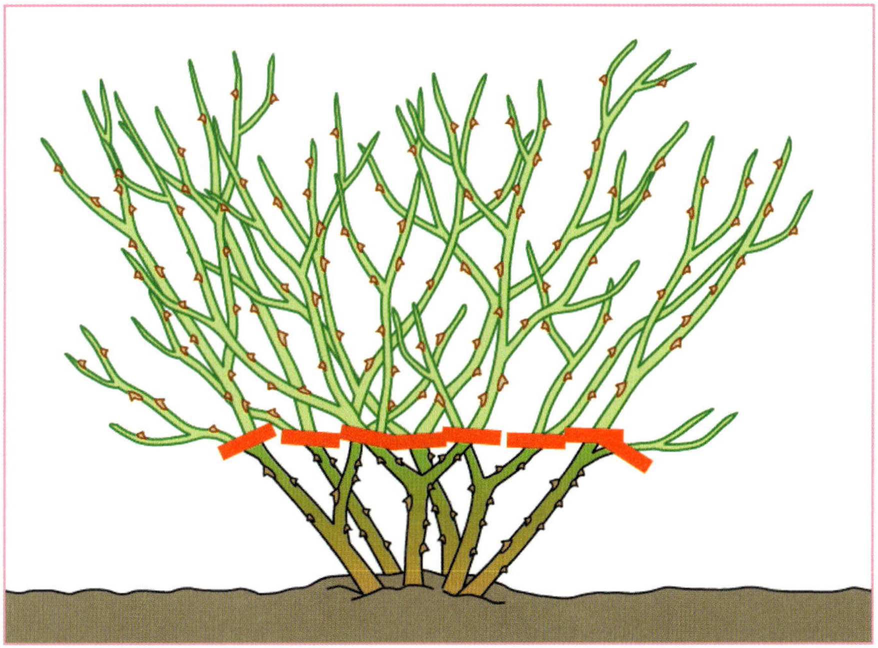

Kleinstrauchrosenschnitt – Methode 2

- Die Tiefe des Rückschnitts kann dabei durchaus ein wenig variieren – nur um die Hälfte wie bei den großen Strauchrosen oder etwas härter, so wie wir es von den Beet- oder Edelrosen kennen. Das hängt ein wenig davon ab, welches Wuchsbild man erzeugen möchte – sollen die Pflanzen sich ein wenig mächtiger aufbauen oder doch eher niedriger am Boden bleiben. Möglich ist auch die Intensität des Schnitts zu wechseln - ein Jahr nur leicht, im Folgejahr wieder härter. Kleinstrauchrosen machen einfach alles mit!

KOSMOS

SOFORTHELFER

Bodendecker- bzw. Kleinstrauchrosen finden oft auch Verwendung in flächigen Pflanzungen im Öffentlichen Grün. Um Arbeit zu sparen, werden diese meist sehr robusten Typen dort im Winter schon mal mit der Heckenschere geschnitten. Nichts spricht dagegen, auch im Privatgarten so zu verfahren – ein klein wenig Nachschneiden der Optik wegen, kann man ja trotzdem noch.

WEISSE UND ROSA SORTEN

Aspirin® Rose

Tantau 1997, ADR-Rose 19952

Blüht fortlaufend und eignet sich für große und kleine Flächen, Beete, für Ränder und auch für große Kübel.

Wuchs
- breit buschig, wüchsig, 0,6–0,8 m hoch

Blüten
- weiß, bei kühler Witterung Wechsel zu rosa

Escimo®

Kordes 2006, ADR-Rose 2006

Wuchs etwas aufrechter als breit, perfekte Wahl für eine niedrige Rosenhecke. Kommt ganz ohne Sommerschnitt aus – die einfachen Blüten haben eine hervorragende Selbstreinigung.

Wuchs
- aufrecht buschig, 0,8–1 m hoch

Blüten
- reinweiß, einfach, meist in Dolden mit 4–8 Blüten

Schneeflocke®

Noack 1991, ADR-Rose 1991

Die Blütenblätter fallen wie Flocken zu Boden und sehen aus, als wäre neuer Schnee gefallen. Auch für halbschattige Lagen (mind. 5 Stunden Sonne).

Wuchs
- sehr kompakt, daher auch für eine Kübelpflanzung geeignet, buschig, 0,4–0,5 m hoch

Blüten
- leuchtend weiß, halbgefüllt, in Dolden, selbstreinigend, schnelle Blütenneubildung, leichter Duft

Sweet Pretty®

Meilland 2005

Blüten pastellrosa mit den auffälligen Staubgefäßen. Als Beetrose oder Kleinstrauchrose verwendbar.

Wuchs
- breit buschig, aufrecht, 0,6–0,8 m hoch

Blüten
- pastellrosa, weiß mit rosa Hauch, einfach, markante Staubgefäße

Heidetraum®

Noack 1988, ADR-Rose 1990

Lange Blütenhaltbarkeit, Blütenreichtum, Duft, Blattgesundheit, gutes Wachstum – Heidetraum® hat Maßstäbe nicht nur für Kleinstrauchrosen gesetzt.

Wuchs
- niedrig buschig wachsend, kompakt, 0,7–0,8 m hoch

Blüten
- leuchtend karminrosarot, halbgefüllt, in Dolden zu 25 Blüten

Knirps®

Kordes 1997, ADR-Rose 2004

Eine Kleinstrauchrose, die man auch zu den Zwergrosen stellen könnte, so zierlich ist der Wuchs, so klein das Laub und die Blüten. Entsprechend gut macht sie sich in Steingärten oder im Balkonkasten.

Wuchs
- niederliegend, kompakt, 0,3–0,4 m hoch

Blüten
- kräftig rosa, stark gefüllt, klein

Larissa®

Kordes 2008, ADR-Rose 2008

Reich blühend. Ihr Wuchs ist charmant überhängend und die Blüten lösen sich nach dem Verblühen komplett von der Pflanze.

Wuchs
- buschig aufrecht, später bogig überhängend, 0,8–1 m hoch

Blüten
- pomponartig, stark gefüllt, in sehr reichen Dolden, selbstreinigend

Lavender Meidiland®

Meilland 2008, ADR-Rose 2006

Lavendelfarbe, Farbstabilität und leichter Duft zeichnen die Sorte Lavender Meidiland® aus. Eine Sorte, die sich auch gut für Kübel eignet.

Wuchs
- buschig niederliegend, 0,6–0,8 m hoch

Blüten
- lavendelfarben, offen, in Dolden

ROSA UND GELBE SORTEN

Lipstick®

Tantau 2011, ADR-Rose 2010

Farbintensiver und reichblühender Bodendeckertyp, ideal zur Bepflanzung von Flächen und Böschungen oder als Stammrose. Sehr gute Blattgesundheit.

Wuchs
- breitbogig, gut deckend; 0,6-0,8 cm hoch und ebenso breit

Blüten
- violett-pink mit weißer Unterseite, halbgefüllt, in reichen Dolden, mit leichtem Wildrosenduft

Lovely Meidiland®

Meilland 1999

Die Sorte eignet sich für Flächen, Rabatten und Kübel, einzeln oder in Gruppen, allein oder mit Begleitpflanzen.

Wuchs
- aufrecht buschig, 0,4–0,5 m hoch

Blüten
- hellrosa, gefüllt, 5–8 Blüten pro Stiel

Residenz®

Noack 2012, ADR-Rose 2011

Besonders robuste Kleinstrauchrose mit hervorragender Blattgesundheit sowie guter Hitze- und Regenfestigkeit. Blüht außerordentlich lange mit guter Fernwirkung.

Wuchs
- aufrecht buschig; bis 1 m hoch

Blüten
- kräftig karminrosa mit heller Mitte, leicht gefüllt, in reichen Dolden

Stadt Rom®

Tantau 2007, ADR-Rose 2007

Enorm blühreiche Kleinstrauchrose mit hervorragender Bodendeckung und Blattgesundheit, die für ihre besonderen Eigenschaften in zahlreichen Rosenwettbewerben ausgezeichnet wurde.

Wuchs
- flach, dicht buschig und kompakt; 0,5–0,6 m hoch

Blüten
- warmes Lachsrosa, farbstabil auch bei starker Sonne, einfach, in reichen Dolden

Amber Sun®

Kordes 2005

Seltene Farbe in der Gruppe der Kleinstrauchrosen. In flächiger Pflanzung und gemschiten Beeten kommt die Sorte zur Geltung. Die überhängenden Triebe wirken in Kübeln genauso wie bei Stämmchen.

Wuchs

- breitbuschig, bogig überhängend,

Blüten

- kupfergelb, im Verblühen in Cremegelb übergeheend, halbgefüllt meist in Dolden von 5-8 Blüten

Celina®

Noack 1999, ADR-Rose 1999

Zauberhafte gelbe Kleinstrauchrose aus der Familie der Flower Carpet®-Rosen, deren bekanntester Vertreter Heidetraum® ist. Eignet sich auch für den Halbschatten, wenn sie mindestens 5 Stunden Sonne pro Tag erhält.

Wuchs

- niedrig buschig bis bogig überhängend, 0,6–0,8 m hoch

Blüten

- cremegelb, in Dolden, leichter Duft

Jazz®

Tantau 2009

Schöne Rose für Flächenpflanzungen, die sich durch ihr interessantes Farbspiel der Blüten und die gute Selbstreinigung auszeichnet.

Wuchs

- locker aufrecht, bis 0,7 m hoch

Blüten

- pfirsichgelb bis kupferorange, klein

Pretty Star®

Meilland 2008

Ein wunderschönes Zitronengelb und eine ununterbrochene Blüte zeichnen diese Kleinstrauchrose aus. Das feine Laub passt gut zu den offenen Blüten, die die goldgelben Staubgefäße tragen.

Wuchs

- buschig aufrecht, 0,6–0,8 m hoch

Blüten

- intensiv zitronengelb, mittelgroß

GELBE UND ROTE SORTEN

Sedana®

Noack 2005, ADR-Rose 2009

Sedana® besticht durch ihr wunderschönes Farbspiel in verschiedenen Tönungen von Orange, Rosa und Apricot.

Wuchs
- niedrig, breit buschig, 0,6–0,7 m hoch

Blüten
- cremeorange bis apricot, viele Farbnuancen, halbgefüllt

Solero®

Kordes 2009, ADR-Rose 2009

Ein Durchbruch der Rosenzüchtung in punkto Blattgesundheit. Ihr Laub trotzt allen Krankheiten erfolgreich, der ausladende Wuchs deckt den Boden großflächig ab.

Wuchs
- breit buschig wachsend, 0,6–0,7 m hoch

Blüten
- reich gefüllte zitronengelbe Blütenschalen, können bei Dauerregen verkleben

Alpenglühen®

Tantau 2003

In Kombination mit dem frisch grünen Laub eignet sich Alpenglühen® in Rabatten genauso wie in einer Flächenbepflanzung. Gute Bodendeckereigenschaften und Blütenreichtum sind weitere Merkmale der Sorte.

Wuchs
- flach bis bogig überhängend, 0,5–0,6 m hoch

Blüten
- leuchtend signalrot, leicht gefüllt

Black Forest Rose®

Kordes 2010, ADR-Rose 2010

Findet hervorragend in flächigen Pflanzungen Verwendung.

Wuchs
- breit wachsend, 0,6–0,7 m hoch

Blüten
- mittelrot und farbintensiv, mittelgroß, halbgefüllt, in reichen Dolden, sich dabei nie vollständig öffnend

Candia Meidiland®

Meilland 2007, ADR-Rose 2008

Die Sorte begeistert durch ihre wunderschönen roten Blüten, die überreich erscheinen, der weißen Unterseite und einem hellem Auge. Regenfestigkeit und gute Selbstreinigung sind weitere Merkmale.

Wuchs
- buschig, 0,6–0,8 m hoch

Blüten
- rot, ungefüllt, auffällig

Gärtnerfreude®

Kordes 1999, ADR-Rose 2001

Die Beliebtheit dieser Sorte beruht sicher auf ihrer Verlässlichkeit. Krankheiten können ihr genauso wenig etwas anhaben, wie Witterungseinflüsse – eine Rose, die auch Dauerregen gut wegsteckt.

Wuchs
- breit buschig, bis 0,5 m hoch

Blüten
- himbeerrot, stark gefüllt, klein, in Dolden, spätblühend – füllt dadurch die Lücke in der Blühpause anderer Sorten

Matador®

Tantau 2012, ADR-Rose 2011

Sehr blattgesunde Kleinstrauchrose mit guter Bodendeckung – ideal zur Bepflanzung größerer Flächen oder auch in kleinen Gruppen.

Wuchs
- dichtbuschig und kompakt; 0,5–0,7 m hoch

Blüten
- hellrot, halbgefüllt in Dolden, gute Selbstreinigung, früh blühend

Sorrento®

Noack 2005/2006, ADR-Rose 2006

Leuchtend rote, farbbeständige Blüten, Hitzeverträglichkeit, gute Fernwirkung und Blattgesundheit – das sind Merkmale dieser Sorte.

Wuchs
- niedrig buschig, 0,7–0,8 m hoch

Blüten
- leuchtend rot, äußere Blütenblätter stehen sternförmig ab

KLETTERROSEN

DIE 16 SCHNELLSTEN ANTWORTEN

KLETTERROSEN – CLIMBER UND RAMBLER

DIE GRUPPE DER KLETTERROSEN SOLLTE MAN ZUM BESSEREN VERSTÄNDNIS IN ZWEI TYPEN UNTERTEILEN, DIE SICH VOM ERSCHEINUNGSBILD UND WUCHSCHARAKTER DEUTLICH UNTERSCHEIDEN – MANGELS PASSENDER BEGRIFFE IN DER DEUTSCHEN SPRACHE BIETEN SICH HIER AM BESTEN DIE ENGLISCHEN BEZEICHNUNGEN AN: CLIMBER UND RAMBLER.

CLIMBER

Unter die Rubrik „Climber" würde man Sorten einordnen, die zwar in Dolden blühen, allerdings mit relativ großen Blüten und deren Wuchs eher steif aufrecht erfolgt. Sie bilden starke Triebe aus, die aufgebunden werden sollten bzw. eine Kletterhilfe benötigen. Die meisten aktuellen Sorten dieses Typs sind öfterblühend und erreichen dabei eine Höhe von 2 bis 3 m. Es gibt aber auch ältere Sorten, die nur einmal im Jahr Blüten tragen, dafür dann aber eine enorme Wuchskraft entwickeln und Höhen von 5 bis 6 m erklimmen können.

RAMBLER

Im Gegensatz dazu blühen „Rambler" in reichen Büscheln kleiner Blüten und bilden weiche, biegsame Triebe. Zu Beginn sollte man auch diese Sorten leiten, danach haken sie sich gerne in Sträuchern oder Bäumen fest und suchen sich ihren eigenen Weg. Die klassischen Rambler-Rosen blühen alle nur einmal im Sommer, dafür aber sehr üppig für mehrere Wochen – dabei erreichen sie nicht selten Wuchshöhen von 5 m, sehr wüchsige Sorten bis hin zu 10 m. Einigen Rosenzüchtern sind aber auch schon öfterblühende Typen gelungen, deren Wachstum dann auch nur moderate Höhen von 2 bis 3 m erreicht.

KLETTERROSEN IM GARTEN

Mit Kletterrosen lässt sich auch in kleinen Gärten erfolgreich die dritte Dimension erobern – dabei kommen die großblumigen Climber am besten an Mauern, Fassaden, Lauben oder freistehend an Obelisken zur Geltung. Die biegsamen Triebe der kleinblütigen Rambler bieten sich dagegen zur Begrünung von Pergolen oder Rosenbögen an – sie tolerieren dabei auch halbschattige Lagen, ohne an Blühleistung einzubüßen.

IM GARTEN

WORAUF

MUSS ICH ACHTEN?

- Climber haben dicke, sparrig-steife, aufrechte Triebe und werden etwa 2–3 m hoch
- Sie eignen sich gut für Spaliere, Obelisken oder Lauben.
- Rambler haben lange, biegsame Triebe und blühen meist nur einmal im Jahr.
- Sie sind besonders für Pergolen und Bögen geeignet oder auch, da sie durchaus 3–6 m hoch werden, frei wachsend in Bäumen.

Climber

- Als typische Kletterrosen mit eher stabil-aufrechtem Wuchs fallen den großblumigen Climber-Typen im Garten die entsprechenden Aufgaben zu. Die klassischen Standorte in vielen Gärten sind dabei sicher Wände an Wohnhäusern oder Gartenlauben, doch auch freistehend kommen Climber als Blickfang optimal zur Geltung – hier kann als Kletterhilfe für schwächer wachsende Sorten ein Obelisk dienen oder aber bei wüchsigen ein Rosenbogen, etwa am Eingang eines Gartens.

Rambler

- Bei Rambler-Rosen gilt es zu bedenken, dass der überwiegende Teil der klassischen Sorten nur einmalblühend ist und dabei ganz enorme Wuchskräfte entwickelt – Höhen von 5-10 m in mehreren Jahren sind durchaus möglich. Solche Typen sind also die falsche Wahl für kleine Gärten – sie brauchen viel Platz, zum Beispiel einen alten Obstbaum, in den sie ranken können. Die wenigen öfterblühenden Typen zeigen einen deutlich gezähmten Wuchs und lassen sich damit auch an Obelisken oder kleinen Lauben ziehen.

SCHNEIDEN

WAS
BRAUCHE ICH?

- Rosenschere
- Handschuhe
- Astschere

WORAUF
MUSS ICH ACHTEN?

- Je stärker der Rückschnitt, desto stärker der Neuaustrieb.
- Benutzen Sie nur saubere, scharfe Schneidwerkzeuge.
- Achten Sie beim Schneiden auf die Augen (Knospen) und schneiden Sie immer knapp darüber.

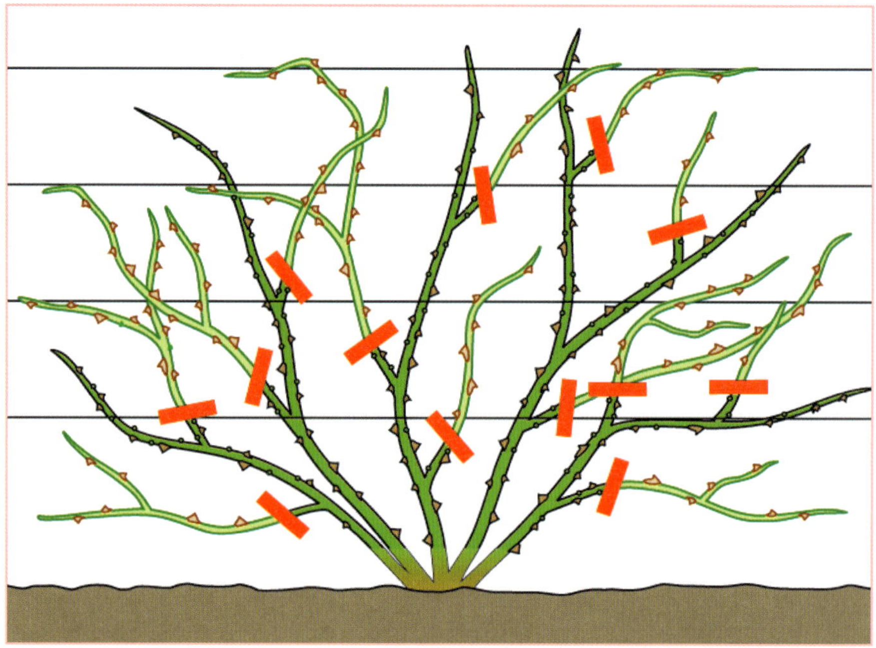

Kletterrosen schneiden - Climber

- Bei jungen Kletterrosen gilt zunächst die Regel: „Wenig schneiden – lieber biegen und binden." Das heißt, man lässt die Pflanze erst einmal wachsen, lenkt ihre Triebe dabei aber in die gewollte Richtung und fixiert sie dort. Wenn dafür genug Platz vorhanden ist, hilft ein waagerechtes Binden der Triebe, die Blühfreudigkeit der Rose zu fördern. Erst nach mehreren Jahren beginnt man dann zu schneiden – hier aber auch nur leicht die Spitzen der Seitentriebe und entfernt zuweilen einen alten Trieb aus der Basis.

Kletterrosen schneiden - Rambler

- Beim Schnitt von Rambler-Rosen sollte man sich zunächst vergewissern, ob man einen einmal- oder öfterblühenden Typ vor sich hat, denn von dieser Eigenschaft ist der Zeitpunkt abhängig. Bei öfterblühenden Sorten kann ein moderater Rückschnitt problemlos im Frühjahr erfolgen – bei einmalblühenden Typen sollte man dies aber vermeiden, um nicht zuviel Blütenholz zu entfernen. Bei sehr wüchsigen Sorten gibt man das Schneiden nach einer Weile aber sowieso auf – man gibt ihnen besser einen Standort mit viel Platz.

WEISSE UND ROSA SORTEN

Graciosa®

Noack 2002

Schöne, große, gefüllte Blüten in Zartrosa-Weiß, die sich für den Vasenschnitt eignen.

Wuchs

- bis 3 m hoch, buschiger Wuchs, kräftige Triebe

Blüten

- zartrosa bis weiß, gefüllt, in Dolden, edel

Hella®

Kordes 2009, ADR-Rose 2010

Sehr reich blühende, wüchsige Kletterrose mit langen, biegsamen Trieben, wodurch sie auch gut an Rosenbögen oder Obelisken gezogen werden kann.

Wuchs

- vieltriebig, kräftig, 2,5–3 m hoch

Blüten

- weiß, halbgefüllt, mittelgroß, Schalenblüten in reichen Dolden, leichter Duft

Uetersener Klosterrose®

Tantau 2006

Blüten ballförmig. Weitere Merkmale sind der zarte Wildrosenduft und die cremeweiße Farbe. Die einjährigen Triebe sollten waagerecht gebunden werden, um einen guten Blütenansatz zu erreichen.

Wuchs

- vieltriebig, wird 2,5–3 m hoch

Blüten

- cremefarbene, offene Blüten, romantischer Charme

Vanilla®

Kordes 2012

Blattgesunde Kletterrose mit nostalgischem Flair und moderatem Wuchs – ideal zur Verwendung an Obelisken oder Zäunen.

Wuchs

- kletternd mit relativ biegsamen Trieben; bis 2 m hoch

Blüten

- cremeweiß, stark gefüllt in reichen Dolden, leichter Duft

Blaubeer-Gitter & Kirschbaum - Sabrina® Kletterose

am Gartenengan

Allegro®

Meilland 2010

Eine neuere Sorte, die nach dem 1. Flor anfängt zu klettern. Sie lässt sich nicht nur in Beeten und Rabatten, sondern auch gut im Kübel pflegen.

Wuchs

- buschig bis locker aufrecht, 0,8–1,6 m hoch

Blüten

- dunkelrosa, schalenförmig, duftend

Camelot®

Tantau 2011, ADR-Rose 2012

Reizvolle Kletterrose von großer Wuchskraft, exzellenter Blattgesundheit und verlässlicher Frosthärte.

Wuchs

- kräftig bei guter Verzweigung; 2,5–3 m hoch

Blüten

- rosa mit feiner Zeichnung, große halbgefüllte Schalen in Dolden, Duft nach Zitrus, starker Hauptflor mit schwächerer Nachblüte

Fassadenzauber®

Noack 1997

Standardsorte aus dem Noack-Sortiment, die durch ihre Eigenschaften überzeugt: Reichblütigkeit, Fernwirkung, von unten heraus dicht wachsend, kräftige Triebe.

Wuchs

- aufrecht buschig, wird 2,5–3 m hoch

Blüten

- rosa, leuchtend, gefüllt, in Dolden

Jasmina®

Kordes 2005, ADR-Rose 2007

Sehr reich blühende, fruchtig duftende Sorte – besonders beliebt wegen des ramblerartigen Wuchses mit biegsamen, überhängenden Trieben. Schön an Pergolen, Rosenbögen und Obelisken sowie als Kaskadenrose.

Wuchs

- wüchsig, bogig überhängend, wird 2,5–3 m hoch

Blüten

- zartrosa, gefüllt, kugelförmig, in reichen Dolden, intensiver Duft nach Apfel

ROSA UND GELBE SORTEN

Laguna®

Kordes 2004, ADR-Rose 2007

Stark duftende Kletterrose mit nostalgisch anmutenden Blüten und dank der hohen Blattgesundheit vielseitig verwendbar: an Mauern genauso wie an Pergolen oder Obelisken. Auch als Kaskadenrose auf Stamm erhältlich.

Wuchs
- aufrecht, wüchsig, 2,5–3 m hoch

Blüten
- kräftig pink, sehr stark gefüllt, groß und in Dolden, intensiver Duft

Maritim®

Tantau 2007

Sehr große, magentapinke Blüten und Farbstabilität sind Merkmale von Maritim®. Wüchsige starktriebige Kletterrose.

Wuchs
- starktriebig, aufrecht, wird 2–3 m hoch

Blüten
- magentapink, Leuchtkraft, stark gefüllt, groß

Rosanna®

Kordes 2002

Gesunde Belaubung und große, edelrosenartige Blüten. Neigt zum Blühen in der Spitze der Pflanze – das waagerechte Aufbinden junger Triebe fördert die Reichblütigkeit auch im unteren Pflanzenbereich.

Wuchs
- breit buschig, starktriebig, schnell wachsend, 2,5–3 m hoch

Blüten
- lachsrosa, sehr stark gefüllt, edelrosenartig, meist in Dolden, zarter Duft

Schloss Bad Homburg®

Warner 2007

Sehr robuste, großblumige Kletterrose von guter Wuchskraft – ideal zur Verwendung an Pergolen oder Rankgerüsten

Wuchs
- aufrecht kletternd bis bogig überhängend; 2–3 m hoch

Blüten
- Farbspiel zwischen Lachsrosa und Apricot, gefüllt bei edler Form und gutem Duft

Dukat®

Tantau 2010

Großblumige Kletterrose mit guter Gesundheit und biegsamen Trieben – ideal zum Einbinden und Formieren, zur Verwendung an Pergolen und Rosenbögen.

Wuchs
- Kletternd, üppig und vieltriebig; 2–3 m hoch

Blüten
- dunkelgelb, im Aufblühen blasser, locker gefüllt mit süßlich-fruchtigem Duft

Golden Gate®

Kordes 2005, ADR-Rose 2006

Blattgesunde Kletterrose mit kräftig-fruchtigem Duft und großen, gelben Blüten.

Wuchs
- sehr kräftig, vieltriebig, 3–3,5 m

Blüten
- goldgelb, halbgefüllt, groß, in Dolden

Orange Dawn

Warner 2003

Auffällige, leuchtend lachsorangefarbene Blüten und eine reiche Blüte.

Wuchs
- aufrecht, wüchsig, wird 2–2,5 m hoch

Blüten
- leuchtend lachsorange, gefüllt, groß

Sommergold®

Noack 2012

Robuste Kletterrose mit glänzender, sehr gesunder Belaubung und festen Trieben – auch zur Verwendung in Pflanzgefäßen bestens geeignet.

Wuchs
- buschig aufrecht mit guter Verzweigung; bis 2,5 m hoch

Blüten
- goldgelb, dabei sehr farbbeständig, gefüllt in Dolden, Duft nach Zitrone

ROTE SORTEN

Amadeus®

Kordes 2003

Reich blühende Sorte mit dunkelroten, sehr farbstabilen Blüten, die kein lästiges Verblauen zeigen. Sehr vielseitig zu verwenden an typischen Kletterrosenstandorten: an Mauern, Pergolen, Rosenbögen und Obelisken.

Wuchs
- breit buschig, schnell wachsend, 2,5–3 m hoch

Blüten
- dunkelrot, halbgefüllt, stets in Dolden

Belkanto®

Noack 2004

Überzeugt durch die samtroten Blüten, die nostalgische Blütenform und den dichten Wuchs von unten bis oben.

Wuchs
- aufrecht, bis 2,5 m hoch

Blüten
- rot, leuchtend, farbbeständig, gefüllt, groß, in Dolden

Florentina®

Kordes 2011

Kletterrose mit romantischem Flair bei moderater Wuchskraft, die daher auch in kleineren Gärten ihren Platz findet. Exzellente Blattgesundheit und zuverlässige Winterhärte.

Wuchs
- aufrecht kletternd bei guter Verzweigung; 2–2,5 m hoch

Blüten
- mittelrot, reich nostalgisch geformte Kugeln, stets in Dolden, gute Regenfestigkeit

Santana®

Tantau 1985

Beliebter Klassiker, der mit seiner feurig roten Blütenpracht Wände, Rosenbögen und Pergolen schmückt.

Wuchs
- buschig aufrecht, wird 2,5–3 m hoch

Blüten
- feurig rot, gefüllt, milder Duft

RAMBLER WEISSE SORTEN

Bobbie James

Sunnigdale Nurseries 1961

Klassiker unter den Ramblern und immer noch sehr geliebt. Gesundheit, Wildrosenduft, Lebenskraft und der üppige, cremeweiße Blütenschmuck überzeugen bei dieser Sorte auch heute noch.

Wuchs
- starktriebig, aufrecht wachsend, zur Blütezeit überhängend, 5–10 m hoch

Blüten
- cremeweiß, ungefüllt, in Dolden, einmalblühend im Juni/Juli, duftend

Guirlande d'Amour®

Lens 1993, ADR-Rose 2012

Öfterblühender Rambler. Überzeugt durch den feinen Duft nach Rosa multiflora. Schöner orangefarbiger Hagebuttenschmuck.

Wuchs
- buschig, 2,5–3 m hoch, kann auch als Strauchrose gezogen werden

Blüten
- weiß, gefüllt, in dichten Büscheln, duftend

Kiftsgate

Murell 1954

Ein wüchsiger, gesunder Rambler, der durch intensiven Duft und leuchtend weiße, offene Blüten überzeugt.

Wuchs
- sehr stark, über 10 m hoch

Blüten
- leuchtend rahmweiß, einfach, in großen Dolden, einmalblühend im Juni/Juli, duftend

Venusta Pendula

Herkunft unbekannt, 1928 von Wilhelm Kordes II wiedereingeführt

Schöne Rosa-arvensis-Hybride mit Frosthärte und Blütenreichtum.

Wuchs
- 5–6 m lange Triebe

Blüten
- rosa, weiß aufhellend, locker gefüllt, runde Schalenblüte, einmalblühend Juni/Juli, leichter Duft

ROSA, GELBE UND ROTE SORTEN

Apple Blossom

Burbank 1932

Altbewährte Sorte, gesund und hitzeverträglich. Gefällt wegen ihrer üppigen, offenen rosa Blütenpracht.

Wuchs
- überhängend, 3–5 m lange Triebe

Blüten
- rosa, offen, einmalblühend im Juni/Juli

Perennial Blue®

Mehring/Tantau 2007

Öfterblühender Rambler, der durch seine ungewöhnliche Farbe besonders auffällt. Guter Duft.

Wuchs
- aufrecht, bis 2,5 m hoch

Blüten
- violett, überreiche Blütenpracht, gefüllt

Super Excelsa®

Hetzel 1991, ADR-Rose 1991

Reich- und öfterblühende Sorte. Muss aufgebunden werden.

Wuchs
- flach und mäßig wachsend, 2–2,5 m hoch

Blüten
- karminrosa mit weißem Mittelstreifen, gefüllt an dichten, vielblütigen Rispen

Veilchenblau

Schmidt 1909

Legendärer Rambler, der in vielen bekannten Rosengärten bewundert werden kann.

Wuchs
- starktriebig, 3–4 m hoch

Blüten
- purpurviolett mit weißem Auge, klein, locker gefüllt, einmalblühend im Juni/Juli

Christine Helénè®

Schultheis 2005
(gefunden von Christine Meile)

Eine der wenigen modernen, öfterblühenden Rambler-Rosen in gelblichem Farbton – ideal zum Beranken von Rosenbögen, Obelisken oder Pergolen.

Wuchs
- biegsam rankend, nicht zu kräftig; 2–3 m hoch

Blüten
- zartgelb, halbgefüllt in reichen Dolden, leicht duftend

Malvern Hills®

Austin 2000

Öfterblühende Rambler-Rose in seltener Blütenfarbe – dabei blattgesund, starktriebig und mit auffallend wenig Stacheln. Perfekt für Rosenbögen, Klettergerüste oder Mauern.

Wuchs
- biegsam rankend, moderat; 3–3,5 m hoch, in geschützten Lagen

Blüten
- hellgelb, gefüllt in reichen Dolden, Noisetterosen-Duft

Momo®

Noack 1994

Gefüllte, dunkelrote Blüten von Juni–September. Gesunder, hitzeverträglicher Rambler.

Wuchs
- aufrecht, bis 2,5 m hoch

Blüten
- dunkelrot bis karminrot, gefüllt, reichblühend

Rambling Rosie®

Horner 2005

Eine der wenigen öfterblühenden Rambler-Rosen mit roten Blüten. Die Kraft geht in die reiche Blüte und nicht in den Wuchs – daher auch für kleinere Gärten ideal geeignet.

Wuchs
- biegsam rankend, nicht zu kräftig; 2,5–3 m hoch

Blüten
- mittelrot, kleinblütig, halbgefüllt in reichen Dolden

ZWERGROSEN
DIE
5
SCHNELLSTEN
ANTWORTEN

ZWERGROSEN

DER NAME SAGT ES SCHON – HIER GEHT ES UM DIE GANZ KOMPAKTEN VERTRETER UNTER DEN GARTENROSEN. DABEI HABEN DIE KLASSISCHEN ZWERGROSEN – AUCH GERNE ALS MINIATURROSEN BEZEICHNET – NICHT NUR EINEN SEHR GEDRUNGENEN WUCHS VON ETWA 30 BIS 50 CM HÖHE, SONDERN AUCH KLEINE BLÜTEN UND ZIERLICHES LAUB. IMMER MEHR TRIFFT MAN ABER AUCH BEI UNS AUF SOGENANNTE „PATIO-ROSEN" (PATIO = INNENHOF) – EIN BEGRIFF, DER HAUPTSÄCHLICH IN ENGLAND VERWENDUNG FINDET, UND SORTEN BESCHREIBT, DIE ZWAR KOMPAKT WACHSEN, DABEI ABER GRÖSSERE BLÜTEN HABEN.

PATIO- ODER ZWERGROSE?

Doch egal, ob Zwerg- oder Patio-Rosen, beide findet man in vielen Farbschattierungen mit verschiedener Blütenfüllung. Gut informieren sollte man sich vor dem Kauf jedoch über deren Blattgesundheit, denn besonders ältere Sorten weisen in dieser Hinsicht oft erhebliche Mängel auf. In den letzten Jahren hat die Rosenzüchtung jedoch auch in diesem Bereich große Fortschritte gemacht.

ZWERGROSEN IM GARTEN

In der Gartengestaltung finden Zwergrosen ihre Rolle naturgemäß wo nicht viel Raum ist – z.B. im Vordergrund von gemischten Beeten oder Rabatten. Auch in Steingärten können sie ein reizvolles Bild bieten, wenn der Boden tiefgründig genug ist. Ihre wahre Stärke aber spielen sie aus als Bepflanzung von Kübeln auf Terrasse und Balkon – hier kommt ihr gedrungener Wuchscharakter am besten zur Geltung. Besonders in Pflanzgefäßen gefällt unserem Auge ein solch harmonisches Wuchsbild und so bringen die Zwergrosen Blütenpracht, wo für ihre größeren Schwestern nicht genügend Platz ist.

IM GARTEN

WORAUF
MUSS ICH ACHTEN?

- Zwergrosen wachsen sehr niedrig und buschig.
- Sie sind öfter blühend und eignen sich besonders für Beeteinfassungen, Töpfe, Kübel und Balkonkästen.

Zwergrosen im Garten

- Entsprechend ihres kompakten Wuchscharakters finden Zwergrosen natürlich besonders in kleinen Gärten oder Bereichen des Gartens mit begrenztem Platz Verwendung. Das kann als Bepflanzung von Rabatten oder im Vordergrund gemischter Beete in Kombination mit Stauden oder Gräsern der Fall sein. Auch neben Steinmauern oder in Steingärten können Zwergrosen wunderbar zur Geltung kommen – nur sollte man immer die Ansprüche von Rosen an tiefgründigen Boden mit entsprechender Feuchtigkeit bedenken.

ZWERGROSEN IM KÜBEL

KOSMOS

SOFORTHELFER

Prinzipiell sind Rosen nicht dauerhaft als Zimmerpflanzen geeignet. Zwar bekommt man vor allem in Blumengeschäften sogenannte Topfrosen, die speziell für die Verwendung in Wohnräumen gezüchtet wurden, doch auch diese lassen sich kaum mehr als einige Wochen halten. Bei der typisch trockenen Luft treten schnell lästige Schädlinge wie Spinnmilben auf, die sich nur schwer bekämpfen lassen.

Zwergrosen im Kübel

- Besonders gerne werden Zwergrosen aber als Bepflanzung von Kübeln auf Terrasse oder Balkon eingesetzt. Ihr gedrungener Wuchs und harmonischer Wuchscharakter macht sie zu den optimalen Kandidaten für diese Verwendung. Je nach Größe des Gefäßes kann man auch mehrere Pflanzen setzen, sollte aber auch stets an gute Durchlüftung denken, um zu lange feuchtes Laub und damit das Risiko für Blattkrankheiten zu verringern. Beim Wässern sollte man den goldenen Mittelweg finden – auch zu viel Wasser kann schaden.

SCHNEIDEN

WAS
BRAUCHE ICH?

- Rosenschere
- Handschuhe
- Astschere

WORAUF
MUSS ICH ACHTEN?

- Je stärker der Rückschnitt, desto stärker der Neuaustrieb.
- Benutzen Sie nur saubere, scharfe Schneidwerkzeuge.
- Achten Sie beim Schneiden auf die Augen (Knospen) und schneiden Sie immer knapp darüber.

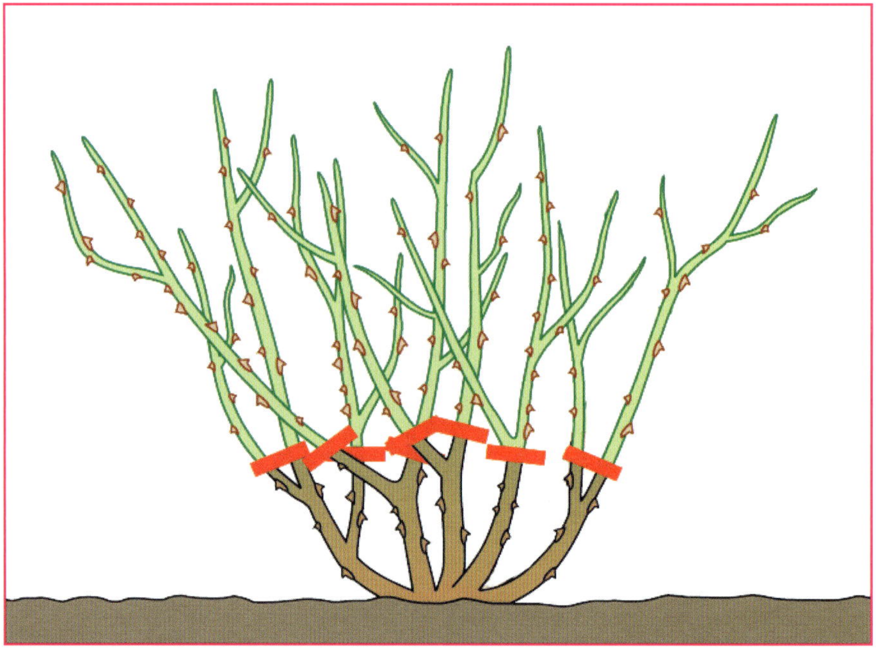

Zwergrosen schneiden

- Das Schneiden der Zwergrosen unterscheidet sich nicht wesentlich von dem ihrer „großen Schwestern", den Beet- oder Edelrosen. Er sollte niemals im Herbst, dafür aber im Frühjahr erfolgen – je nach Region etwa Ende März oder Anfang April, wenn die Gefahr für tiefe Nachtfröste nicht mehr gegeben ist. Auch hier gilt die Regel relativ hart zu scheiden, also auf etwa ein Drittel der ursprünglichen Wuchshöhe von den 30 cm bis 50 cm, die Zwergrosen üblicherweise erreichen.

Ergebnis

- Grundsätzlich gilt beim Schnitt Moderner Rosen „mehr ist besser", obwohl viele Rosenfreunde erfahrungsgemäß mit der Schere oft sehr zögerlich sind. Wer also Bedenken hat, dem sei versichert, dass ein kräftiger Rückschnitt einer jeden Rose gut tut, weil sie dadurch verjüngt wird und einige kräftige Austriebe anstelle von wenigen schwachen erfolgen. Auch Schaderreger und Krankheiten können am alten Holz überdauern – je weniger davon verbleiben, umso gesünder wird sich die Rose im Folgejahr entwickeln.

DIE SCHÖNSTEN SORTEN

Sonnenröschen®

Kordes 2005, ADR-Rose 2003

Zwergige Bodendeckerrose, ideal zur Bepflanzung von Steingärten und Mauerkronen.

Wuchs
- breit und niederliegend, überhängend, 20–30 m hoch

Blüten
- einfach, creme, fast wie eine Potentilla, dunkelgelbe Staubgefäße

White Babyflor®

Tantau 2010

Kleine weiße Blüten, in Dolden, reich blühend

Wuchs
- kompakt, 30–40 cm hoch

Blüten
- weiß, dicht gefüllt, gelbe Staubgefäße

Flirt 2011®

Kordes 2011, ADR-Rose 2011

Sehr reichblühende Zwergrose mit exzellenter Blattgesundheit – für Gartensituationen mit wenig Platz oder zur Bepflanzung von Kübeln auf Terrasse oder Balkon.

Wuchs
- kompakt breitbuschig, gut deckend; 0,4–0,5 m hoch

Blüten
- zartrosa panaschiert mit weißer Unterseite, halbgefüllt in reichen Dolden, lang anhaltend

Medley® Pink

Noack 2002, ADR-Rose 2006

Reich blühende Patiorosensorte mit dunkelrosa, halbgefüllten Blüten.

Wuchs
- kompakt, buschig, 30–40 cm hoch

Blüten
- dunkelrosa, halbgefüllt, in Dolden

Apricot Clementine®

Tantau 2001

Dicht gefüllte, edle Knospen in zartem Apricot-Orange sind charakteristisch für diese kompakte Zwergrose.

Wuchs
- kompakt und kräftig, 30–50 cm hoch

Blüten
- rosé bis apricot-orange, lange haltbar

Little Sunset®

Kordes 2007

Sehr farbenfrohe Zwergrose mit kleinen edlen Blüten in reichen Dolden. Erinnert an eine Miniaturausgabe der berühmten Gloria Dei®.

Wuchs
- dicht buschig und kompakt, reich verzweigt, 30–40 cm hoch

Blüten
- gelb mit rotem Rand
- klein, edle Form, in reichen Dolden

Mandy®

Kordes 2011

Eine wirklich typische Zwergrose mit sehr kleinen Blüten und zierlicher Belaubung – die ideale Wahl für Pflanzgefäße oder Rabatten bei gemischten Pflanzungen.

Wuchs
- sehr kompakt gedrungen, dicht buschig; 0,3–0,4 m hoch

Blüten
- blutrot, bei viel Sonne samtrot, zierlich, gefüllt in reichen Dolden

Medley® Ruby

Noack 2012

Eher eine typische Patio-Rose, weil mittelgroße Blüten – trotzdem sehr kompakter Wuchs und damit beste Eignung in kleinen Gärten oder Pflanzgefäßen.

Wuchs
- kompakt gedrungen, dicht buschig; 0,4–0,5 m hoch

Blüten
- rubinrot, sehr farbbeständig, gefüllt und edel geformt in kleinen Dolden

WILDROSEN
DIE
5
SCHNELLSTEN
ANTWORTEN

WILDROSEN

IN DIESER GRUPPE FINDEN SICH DIE URSPRÜNGLICHEN ARTEN, WIE SIE IN DER FREIEN NATUR VORKOMMEN, ALSO IN KEINER WEISE VOM MENSCHEN ZÜCHTERISCH BEARBEITET SIND. DABEI GIBT ES HEIMISCHE ARTEN, DIE NATURGEMÄSS IN MITTELEUROPA VORKOMMEN, ABER AUCH SOLCHE AUS ASIEN ODER NORDAMERIKA, DIE ZUM TEIL SCHON VOR LANGER ZEIT BEI UNS EINGEFÜHRT WORDEN SIND.

WILDROSEN UND NATURNAHE ROSEN

Die meisten Wildrosen wachsen zu einem großen Strauch von über 2 m Höhe mit überhängenden Trieben heran. Nur wenige Arten zeigen einen zierlicheren Wuchs – man sollte also immer viel Platz im Garten einplanen. Alle Wildrosen blühen auch nur einmal pro Jahr – frühe Arten schon Ende Mai, ansonsten liegt die Hauptblüte im Juni. Im Handel werden sie oft nur von spezialisierten Baumschulen angeboten – die Pflanzen sind dabei aus Samen oder Stecklingen gezogen.

WILDROSEN IM GARTEN

Besonders wenn man einen naturbelassenen Garten anstrebt, in dem Insekten und Kleintiere ein Refugium und reichlich Nahrung finden, bietet sich die Pflanzung von Wildrosen an. Durch ihre einfachen Blüten werden solche Typen verlässlich von Insekten bestäubt und bilden jedes Jahr Hagebutten aus, die zudem eine reizvolle Zierde im Herbst bieten. Auch sind Wildrosen in der Regel sehr robust und vor allem pflegeleicht – wenn der Platz vorhanden ist, lässt man sie ohne viel Schnitt einfach wachsen. Aufgrund ihres ausladenden Wuchscharakters sollte man Wildrosen immer im Hintergrund platzieren, dort aber bilden sie dichte Rosenhecken, mit denen sich hervorragend unschöne Fassaden oder Zäune verbergen lassen.

IM GARTEN

WORAUF

MUSS ICH ACHTEN?

- Wildrosen und naturnahe Rosen wachsen meist locker strauchförmi.
- Sie sind einmalblühend und besonders für Gruppen- und Heckenpflanzungen geeignet.

Wildrosen und naturnahe Rosen

- Wer wünscht, einen naturnahen Garten zu gestalten, für den sind Wildrosen sicher die richtige Wahl. Ihre einfachen Blüten laden Bienen und allerlei andere Insekten zum Pollensammeln ein, und im Winter dienen Hagebutten Vögeln und Kleintieren als Nahrung. Man sollte sich allerdings bewusst sein, dass die meisten Wildarten große, ausladende Büsche bilden und entsprechend viel Platz benötigen. Auch muss man sich mit einer Blühperiode im Juni begnügen, den Rest des Sommers bleibt der Strauch ohne Blüten.

KOSMOS

SOFORTHELFER

Als Wildrosen bezeichnet man natürlich vorkommende Arten, die noch in keiner Form züchterisch bearbeitet wurden. Hier unterscheidet man noch zwischen in Mitteleuropa heimischen Arten und fremdländischen Herkünften. Bei Kreuzung zwischen einer Wildart und einer Kulturform entstehen sogenannte Wildrosen-Hybriden, oft auch Naturnahe Rosen genannt.

Wildrosen im Garten

- Wenn es um den Schnitt von Wildrosen geht, so braucht man die in der Regel sehr robusten Sträucher nicht zwingend in jedem Jahr zu bearbeiten. Ist es aber doch einmal nötig, ihr Wachstum ein wenig einzudämmen, dann kann man sie entweder ganz kräftig zurückschneiden – „auf den Stock setzen" wie der Gärtner sagt – oder man schneidet sie wie einmalblühende Strauchrosen (siehe Seite 63) im Sommer nach der Blüte, um möglichst viel Blütenholz fürs kommende Jahr zu erhalten.

EMPFEHLENSWERTE ARTEN

Hunds-Rose

Rosa canina

Für sonnige bis licht beschattete Lagen, wärmeliebend, frosthart, geeignet für Schutzpflanzungen, sowie in frei wachsenden undurchdringlichen Hecken, gut als Bodenbefestigung an Böschungen und Hängen

Wuchs
- mittelhoch auch kletternd, weit überhängend, 1–3 m hoch und breit

Blüte
- hellrosa Schalenblüten, leicht duftend, meist Anfang Juni

Fingerstrauch-Rose

Rosa ecae

Dekorative Rose für Steppen- oder Felsengärten, schön zu Gräsern, Polsterstauden und Halbsträuchern

Wuchs
- niedrig, Ausläufer bildend, 1– 2,5 m hoch, bis 0,9 m breit oder mehr

Blüte
- kleine, duftlose sattgelbe Blütenscheiben ähnlich einem Fingerstrauch *(Potentilla)*, früh blühend, im Mai

Fuchs-Rose

Rosa foetida

Die Sorte 'Bicolor', die Kapuziner-Rose, ist eine exotische Rose mit Schalenblüten, oberseits leuchtend orange, unterseits matt gelb, oft dazwischen die rein gelben Blüten der Ausgangsform.

Wuchs
- Locker, mit bogenförmig übergeneigten Trieben, 1–1,5 (2) m hoch und breit

Blüte
- goldgelbe Schalenblüten, mit strengem Geruch, Anfang Juni

Hecht-Rose

Rosa glauca

Gedeiht nur in der vollen Sonne, wärmeliebend, frosthart, unbedingt durchlässige, Böden, meidet Humus, in Naturhecken sowie Steppen- und mediterrane Gartenpartien

Wuchs
- locker aufrecht bis bogenförmig, 1–3 m hoch und breit

Blüte
- sternförmig, oft zu mehreren, rosa bis karminrot mit weißem Auge, nicht duftend, Juni oder Anfang Juli

Chinesische Gold-Rose

Rosa hugonis

Für vollsonnige, warme Lagen; verträgt Hitze, meist frosthart, prachtvoller Blütenstrauch für Strauchrabatten, als Solitär in kleineren Gärten.

Wuchs

- locker mit bogigen Zweigen, 1,5–2,5 m hoch und breit

Blüte

- klein, unregelmäßig schalenförmig, primelgelb, Mitte Mai, überreich blühend

Mai-Rose

Rosa majalis

„Vierjahreszeitenrose", die sich in jeder Jahreszeit attraktiv präsentiert, schätzt sonnige bis halbschattige Plätze, wärmeliebend, frosthart.

Wuchs

- schnellwüchsig, mit aufrechten Trieben, 0,5–1,5 m hoch, 2–4 m breit oder mehr

Blüte

- rosa bis lilarosa, würzig duftend, Ende Mai bis Anfang Juni

Kartoffel-Rose

Rosa rugosa

Verträgt Hitze, frosthart, gedeiht, im Garten ist eine Rhizomsperre empfehlenswert.

Wuchs

- Ausläufer treibend, mittelhoch, 1–1,5 (2) m hoch, dickichtartig

Blüte

- große, flattrige Schalenblüten, hell- bis karminrosa, intensiv duftend, Ende Mai/Anfang Juni, oft nachblühend

Mandarin-Rose

Rosa sweginzowii

Bevorzugt volle Sonne und eher kühle Standorte, frosthart, für größere Gärten geeignet, bei regelmäßigem Entnehmen der stärksten Stämme auch für kleinere Gärten zu empfehlen

Wuchs

- starkwüchsig, 3–4 (5) m hoch, 2–4 m breit mit dicken Ästen

Blüte

- scheibenförmig, lichtes Rosa, reich blühend und zart duftend, Juni

DIE 5 SCHNELLSTEN ANTWORTEN

HOCH-STÄMMCHEN

ROSENSTÄMMCHEN

BEI DIESEN ROSEN HANDELT ES SICH UM KEINE EIGENSTÄNDIGE ROSENGRUPPE, SONDERN UM EINE SPEZIELLE FORM DER ANZUCHT, BEI DER SORTEN DER ZUVOR VORGESTELLTEN GARTENROSEN-TYPEN AUF EINEN STAMMBILDNER VEREDELT WERDEN.

UNTERLAGEN

Als Unterlage dienen hierfür verschiedene Wildrosen, die einen besonders stabilen und geraden Stamm ausbilden – die Höhe der Veredlung entscheidet dabei über die spätere Wuchshöhe der Stammrose. Im Handel werden in der Regel Veredlungshöhen von 40 cm, 60 cm ,90 cm oder 140 cm angeboten, wobei man dazu noch das Volumen der Krone ergänzen muss, um die endgültige Wuchshöhe zu ermessen. Je nach Höhe der Stämme werden auch dazu passende Wuchstypen ausgewählt – so veredelt man Zwergrosen und kompakte Beetrosen auf 40 oder 60 cm, Edel- und Beetrosen kommen auf 90 cm Höhe am besten zur Geltung. Die ganz hohen Stämme, auch als Trauer- oder Kaskadenrosen bezeichnet, werden mit Bodendecker- oder Kletterrosen bestückt, so dass die Krone den angestrebten, herabhängenden Wuchscharakter ausbildet.

ROSENSTÄMMCHEN IM GARTEN

Im Prinzip will man mit dem Veredeln von Rosensorten auf ein Stämmchen ja nichts anderes als die Rose vom Boden empor zu heben, so dass sie noch besser zur Geltung kommt. Damit dieser Effekt optimal gelingt, sollten Stämmchen am besten ganz frei stehen – auf einer Rasenfläche oder vielleicht unterpflanzt mit niedrigen Stauden oder eben anderen Rosen. Besonders nahe einer Terrasse können Duftrosen auf einem Stämmchen reizvoll sein, da sie die Blüten schon auf „Nasenhöhe“ bringen.

IM KÜBEL UND IM GARTEN

WORAUF
MUSS ICH ACHTEN?

- Hochstammrosen sind auf Stämmchen veredelte Beet-, Edel- oder Zwergrosen.
- Wird eine Kletterrose auf ein Hochstämmchen veredelt, erhält man eine Trauer- oder Kaskadenrose.
- Hochstämmchen sind ideal für Kübel.

Hochstämmchen im Kübel und im Garten

- Das Veredeln von Rosen auf Stämmchen in verschiedenen Höhen dient in erster Linie dazu, die Rose noch mehr in den Mittelpunkt der Aufmerksamkeit zu rücken – ihre Blüten quasi in Augen- oder Nasenhöhe zu bringen. Dieser Idee folgend sollte man die Stämmchen also auch möglichst frei stellen, so dass sie ihre Wirkung voll entfalten können. Bei einem Hochstamm in einem Pflanzkübel auf der Terrasse ist dieser Effekt naturgemäß gegeben und man hat zudem noch die Möglichkeit, ihn je nach Bedarf bewegen zu können.

Hochstämmchen im Beet

- Kaskadenstämme mit ihren schleppenartig herabhängenden Trieben kommen dagegen auf einer Rasenfläche besonders gut zur Geltung, wobei man hier auf zusätzliche Unterpflanzung ruhig verzichten kann. Hochstämme mit eher buschigen Kronen, deren Triebe nicht herabhängen, lassen sich hingegen bestens mit den typischen Rosenbegleitern unterpflanzen – verschiedene Sommerblumen, Gräser, Stauden wie z. B. Frauenmantel und Rittersporn oder Halbsträucher wie Salbei oder Lavendel können hier zum Einsatz kommen.

KOSMOS

SOFORTHELFER

Trauer- oder Kaskadenstämmchen sind auf 140 cm veredelte Kletter- oder Bodendeckerrosen, die aufgrund ihres Wuchstyps schleppenartig herabhängende Kronen bilden. Damit dieser Charakter nicht verloren geht, schneidet man solche Rosen nur verhalten – Totholz und schwache Seitentriebe werden entfernt, das Grundgerüst sollte aber nach Möglichkeit erhalten bleiben.

SCHNEIDEN

WAS
BRAUCHE ICH?

- Rosenschere
- Handschuhe
- Astschere

WORAUF
MUSS ICH ACHTEN?

- Je stärker der Rückschnitt, desto stärker der Neuaustrieb.
- Benutzen Sie nur saubere, scharfe Schneidwerkzeuge.
- Achten Sie beim Schneiden auf die Augen (Knospen) und schneiden Sie immer knapp darüber.

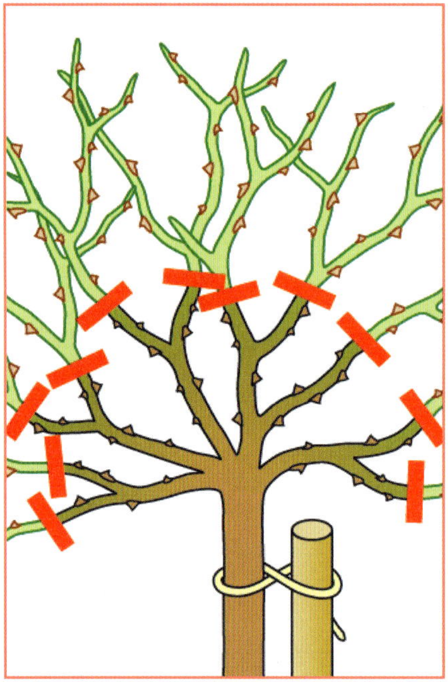

Hochstämmchen schneiden

- Prinzipiell schneidet man Rosenstämmchen ganz genau so, wie man die aufveredelte Sorte als niedrigen Rosenbusch schneiden würde. Das heißt, bei einem Hochstamm mit einer Beetrose kürzt man die Triebe der Krone auf etwa ein Drittel des vorherigen Umfangs ein.

Trauer- und Kaskadenrosen schneiden

- Bei einem Kaskadenstamm hingegen schneidet man weniger hart, um den schleppenartigen Wuchscharakter der Krone möglichst zu erhalten. Dafür kürzt man die Seitentriebe ein, belässt dabei aber die kräftigen Triebe, die das Grundgerüst bilden.

HOCHSTÄMMCHEN ÜBERWINTERN

Hochstämmchen überwintern

- Durch ihren Wuchscharakter sind Stammrosen dem Frost wesentlich stärker ausgesetzt als niedrige Rosenbüsche – hinzu kommt, dass man die empfindliche Veredlungsstelle naturgemäß nicht durch Anhäufeln schützen kann. Besonders wichtig ist es, die Krone vor Austrocknung zu schützen, also vor Sonneneinstrahlung, wenn gleichzeitig der Boden gefroren ist. Hierzu kann ein herkömmlicher Jutesack gute Dienste leisten, oder spezielles Wintervlies, dass man im gut sortierten Fachhandel bekommt.

KOSMOS

SOFORTHELFER

Die meisten Rosen, die im Winter Schaden nehmen, erfrieren eigentlich nicht, sondern vertrocknen, wenn der Boden hart gefroren ist und ihre Wurzeln kein Wasser aufnehmen können. Rosen in Pflanzgefäßen sind hier besonders gefährdet – man sollte sie deshalb möglichst vor direkter Sonneneinstrahlung schützen, also den Topf auf die Nordseite oder in den Schutz eines Carports bewegen.

SERVICE

ROSENSCHULEN
(nach Postleitzahlen geordnet)

Rosarot Pflanzenversand
Gert Hartung
Besenbek 4b
25335 Raa-Besenbek
www.rosenversand24.de

W. Kordes' Söhne
Rosenschulen GmbH & Co KG
Rosenstraße 54
25365 Klein Offenseth-Sparrieshoop
www.gartenrosen.de

Rosenwelt Tantau
Tornescher Weg 13
25436 Uetersen bei Hamburg
www.rosen-tantau.de

BKN Strobel
Pinneberger Str. 238
25488 Holm-Kreis Pinneberg
www.bkn.de

Noack Rosen
Im Waterkamp 12
33334 Gütersloh
www.noack-rosen.de

RosenPark Dräger
Steinfurther Hauptstr. 1-5
61231 Bad Nauheim-Steinfurth
www.rosenpark-draeger.de

Rosenhof Schultheis
Bad Nauheimer Straße 3-7
61231 Bad Nauheim-Steinfurth
www.rosenhof-schultheis.de

Rosen-Union eG
Steinfurther Hauptstr. 27
61231 Bad Nauheim-Steinfurth
www.rosen-union.de

Lacon GmbH
J.-S.-Piazolo Straße 4a
68766 Hockenheim
www.lacon-rosen.de

Landhaus Ettenbühl
Hof Ettenbühl
79415 Bad Bellingen
www.landhaus-ettenbuehl.de

Belgien
Lens Roses
Redinnestraat 11
B-8460 Oudenburg
www.lens-roses.com

Dänemark
Poulsen Roser A/S
Kratbjerg 332
DK-3480 Fredensborg
www.poulsenroser.dk

Frankreich
Pépnières et Roseraies Georges Delbard
9, route de Commentry
F-03600 Malicorne
www.delbard.com

Meilland International
Domaine de Saint André
Le Cannet-des-Maures
F-83340 Le Luc-en-Provence
www.meilland.com

Großbritannien
David Austin Roses Ltd
Bowling Green Lane
Albrighton
Woverhampton WV7 3 HB
www.davidaustinroses.com

R. Harkness & Co. Ltd.
The Rose Garden
Cambridge Road
Hitchin
Herts SG4 0JT
www.roses.co.uk

INTERNET-ADRESSEN

www.rosen-shop.com
www.welt-der-rosen.de
www.worldrose.org

INFORMATIONEN ZU ADR-ROSEN

www.adr-rose.de

LIEBHABERVEREINE

Gesellschaft Deutscher Rosenfreunde e. V.
Waldseestr. 14
76530 Baden-Baden
www.rosenfreunde.de

Österreichische Rosenfreunde
in der Öster. Gartenbau-Gesellschaft
Parkring 12
A-1010 Wien

Gesellschaft Schweizerischer
Rosenfreunde
Theo Keller
Buebeseggstrasse 25
CH-9650 Nesslau
www.rosenfreunde.ch

ROSARIEN

Europa-Rosarium Sangerhausen
www.europa-rosarium.de

Deutsches Rosarium im
Westfalenpark Dortmund
www.rosarium.dortmund.de

Europas Rosengarten Zweibrücken und
Wildrosengarten
www.zweibruecken.de

Ostdeutscher Rosengarten Forst
www.rosengarten-forst.de

Rosarium Uetersen
www.rosarium-uetersen.de

Österreich
Rosarium im Doblhoffpark,
Baden bei Wien
www.badenonline.at

Rosarium in den Blumengärten
Hirschstetten, Wien
www.wien.gv.at

Rosarium im Donaupark, Wien
www.wien.gv.at

Schweiz
Rosengarten am Schloss Heidegg,
bei Luzern
www.heidegg.ch

Rosenstadt Bischofszell
www.bischofszellerrosenwoche.ch

Rosenstadt Rapperswil
www.rapperswil-jona.ch

Schaugarten der Rosenschule
Huber, Dottikon
www.rosen-huber.ch

Schaugarten der Rosenschule
Hauenstein, Rafz
www.hauenstein-rafz.ch
Roseraie du Parc de la Grange,
Genf
www.ville-ge.ch

AMTLICHE PFLANZENSCHUTZ-BERATUNG

Baden-Württemberg
Landwirtschaftliches Technologiezentrum Augustenberg
Neßlerstraße 23-31
76227 Karlsruhe
Tel.: 07 21/94 68-0
www.ltz-augustenberg.de

Bayern
Bayerische Landesanstalt für Landwirtschaft
Institut für Pflanzenschutz
Lange Point 10
85354 Freising
Tel.: 0 81 61/71-56 51
www.lfl.bayern.de/ips

Berlin
Pflanzenschutzamt Berlin
Mohriner Allee 137
12347 Berlin
Tel.: 0 30/70 00 06-0
www.stadtentwicklung.berlin.de/pflanzenschutz

Brandenburg
Landesamt für Ländliche Entwicklung, Landwirtschaft und Flurneuordnung
Pflanzenschutzdienst
Müllroser Chaussee 54
15236 Frankfurt (Oder)
Tel.: 03 35/5 60-21 01
www.mil.brandenburg.de

Bremen
Lebensmittelüberwachungs-, Tierschutz- und Veterinärdienst des Landes Bremen
Pflanzenschutzdienst
Lötzener Straße 3
28207 Bremen
Tel.: 04 21/3 61-8 92 04
www.lmtvet.bremen.de

Hamburg
Behörde für Wirtschaft, Verkehr und Innovation
Pflanzenschutzamt Hamburg
Indiastraße 3
20457 Hamburg
Tel.: 0 40/4 28 41-52 20
www.pflanzenschutz.hamburg.de

Hessen
Regierungspräsidium Gießen
Dezernat 51.4 - Pflanzenschutzdienst
Schanzenfeldstraße 8
35578 Wetzlar
Tel.: 06 41/3 03-52 27
www.pflanzenschutzdienst.rp-giessen.de

Mecklenburg-Vorpommern
Landesamt für Landwirtschaft, Lebensmittelsicherheit und Fischerei Mecklenburg-Vorpommern
Pflanzenschutzdienst
Graf-Lippe-Straße 1
18059 Rostock
Tel.: 03 81/40 35-0
www.lallf.de

Niedersachsen
Landwirtschaftskammer Niedersachsen
Pflanzenschutzamt, Standort Hannover
Wunstorfer Landstraße 9
30453 Hannover
Tel.: 05 11/40 05-0
www.lwk-niedersachsen.de

Landwirtschaftskammer Niedersachsen
Pflanzenschutzamt, Standort Oldenburg
Sedanstraße 4
26121 Oldenburg
Tel.: 04 41/8 01-0
www.lwk-niedersachsen.de

Nordrhein-Westfalen
Landwirtschaftskammer Nordrhein-Westfalen
Pflanzenschutzdienst
Siebengebirgsstraße 200
53229 Bonn-Roleber
Tel.: 02 28/7 03-21 01
www.pflanzenschutzdienst.de

Dienststelle Münster:
Nevinghoff 40
48147 Münster
Tel.: 02 51/23 76-0

Rheinland-Pfalz
Dienstleistungszentrum Ländlicher Raum Rheinpfalz
Breitenweg 71
67435 Neustadt/W
Tel.: 0 63 21/6 71-0
www.dlr.rlp.de

Saarland
Landwirtschaftskammer für das Saarland
Pflanzenschutzdienst
Dillinger Straße 67
66822 Lebach
Tel.: 0 68 81/9 28-0
www.lwk-saarland.de

Sachsen
Sächsisches Landesamt für Umwelt, Landwirtschaft und Geologie; Abteilung Pflanzliche Erzeugung, Referat Pflanzenschutz
Stübelallee 2
01307 Dresden
Tel.: 03 51/4 40 83-0
www.smul.sachsen.de

Sachsen-Anhalt
Landesanstalt für Landwirtschaft,
Forsten und Gartenbau
Dezernat Pflanzenschutz
Strenzfelder Allee 22
06406 Bernburg
Tel.: 0 34 71/3 34-0
www.llglsa.de

Schleswig-Holstein
Landwirtschaftskammer Schleswig-Holstein; Abteilung Pflanzenbau, Pflanzenschutz, Umwelt
Thiensen 22
25373 Ellerhoop
Tel.: 0 41 20/70 68-2 00
www.lksh.de/pflanzenschutzdienst

Thüringen
Thüringer Landesanstalt für
Landwirtschaft Jena
Referat Pflanzenschutz
Kühnhäuser Straße 101
99189 Erfurt-Kühnhausen
Tel.: 03 61/5 50 68-0
www.tll.de

DATENBANK DER ZUGELASSENEN PFLANZENSCHUTZMITTEL

www.bvl.bund.de

REGISTER

BILDNACHWEIS

mit 258 Fotos von
David Austin Roses, Wolverhampton (10): 2 Mi re, 60, 66 Mi li, 67 re, 70 Mi li, 70 Mi re, 71 Mi re, 72 li, 99 Mi li, 99 re
BKN-Strobel, Holm (18): 3 li, 44 li, 45 re, 47 Mi re, 54 re, 55 Mi re, 58 re, 67 Mi li, 68 Mi li, 72 Mi re, 73 li, 80 re, 81 re, 82 Mi li, 83 re, 85 li, 86, 93 li
Delbard Rosen, Malicorne (3): 44 re, 56 Mi re, 70 li
Flora Press, Hamburg (3): 50, 113 li
/Biosphoto (1): 30
/Gisela Caspersen (3): 3, 6, 114
gartenfoto.eu/Martin Staffler, Stuttgart (5): 1, 24 beide, 25 beide
Gartenschatz, Stuttgart (11): 2 li, 10, 11, 26, 28 beide, 29, 32 li, 36, 42 Mi re, 119
Die Grüne Fotoagentur/Ellen Henseler, Wolfratshausen (2): 34 li, 35 li
Peter Kiermeier, Landshut (8): 3 Mi re, 108, 112 Mi li, 112 Mi re, 110 re, 113 Mi li, 113 Mi re, 113 re
Kordes Rosen, Klein Offenseth-Sparrieshoop (53): 2 Mi li, 2 re, 3 Mi li, 5, 9, 33 re, 35 re, 42 re, 43 Mi re, 43 re, 43 Mi re, 45 Mi li, 46 li, 47 li, 47 Mi li, 48, 54 Mi re, 55 li, 56 Mi li, 56 re, 58 li, 58 Mi li, 59 li, 59 re, 67 Mi re, 68 li, 68 re, 69 Mi li, 70 re, 71 Mi li, 72 Mi li, 73 Mi li, 74, 80 Mi li, 81 li, 81 Mi li, 18 Mi re, 83 li, 84 Mi li, 84 re, 85 Mi li, 92 Mi li, 92 re, 93 re, 94 li, 94 Mi re, 95 Mi li, 96 li, 96 Mi re, 97 li, 106 li, 106 Mi re, 107 Mi li, 107 Mi re
Noack Rosen, Gütersloh (28): 42 Mi li, 43 Mi li, 45 li, 46 Mi li, 46 Mi re, 47 re, 54 li, 55 Mi li, 55 re, 57 Mi li, 58 Mi re, 68 Mi re, 71 re, 72 re, 73 Mi re, 76, 80 Mi re, 82 Mi re, 83 Mi li, 84 li, 85 re, 92 li, 93 Mi re, 95 re, 96 Mi li, 99 Mi re, 106 re, 107 re
Rosen-Union, Bad Nauheim-Steinfurth (5): 45 Mi re, 46 re, 57 re, 94 re, 95 Mi re, 69 re, 73 re, 97 Mi li, 97 Mi re, 97 re, 98 li, 98 Mi re, 96 re, 99 li
Manfred Ruckszio, Taunusstein (1): 33 Mi
Rosenhof Schultheis, Bad Nauheim-Steinfurth (14): 59 Mi li, 66 Mi re, 66 re, 67 li, 69 Mi re,
Friedrich Strauß, Au/Hallertau (17): 3 re, 13, 39, 51, 62, 63, 77, 89, 102, 103, 110, 111 beide, 112 li, 116 beide, 117
Rosen Tantau, Uetersen (24): 42 li, 43 li, 44 Mi li, 54 Mi li, 56 li, 57 li, 57 Mi re, 59 Mi re, 66 li, 69 li, 71 li, 80 li, 82 li, 82 re, 83 Mi re, 84 Mi re, 85 Mi re, 92 Mi re, 93 Mi li, 94 Mi li, 95 li, 96 re, 98 Mi li, 106 Mi li, 107 li
Annette Timmermann, Kalübbe (7): 8, 12, 32 re, 33 li, 34 re, 38, 88
Andreas Vietmeier, Münter (4): 31, 32 Mi, 34 Mi, 35 Mi

(Mi = Mitte, li = links, re = rechts)

Mit 26 Illustrationen von Wolfgang Lang, Grafenau-Döffingen

IMPRESSUM

Umschlaggestaltung von
Gramisci Editorialdesign, München
unter Verwendung von zwei Fotos von
gartenfoto.eu/Martin Staffler

mit 284 Abbildungen

Alle Angaben in diesem Buch sind sorgfältig geprüft und geben den neuesten Wissensstand bei der Veröffentlichung wieder. Da sich das Wissen aber laufend in rascher Folge weiterentwickelt und vergrößert, muss jeder Anwender prüfen, ob die Angaben nicht durch neuere Erkenntnisse überholt sind. Dazu muss er zum Beispiel Beipackzettel zu Dünge-, Pflanzenschutz- bzw. Pflanzenpflegemitteln lesen und genau befolgen sowie Gebrauchsanweisungen und Gesetze beachten.

Unser gesamtes lieferbares Programm und viele weitere Informationen zu unseren Büchern, Spielen, Experimentierkästen, DVDs, Autoren und Aktivitäten finden Sie unter kosmos.de
Gedruckt auf chlorfrei gebleichtem Papier

ISBN 978-3-440-13471-9
Projektleitung:
Kullmann & Partner GbR, Stuttgart
Konzeptionelle Entwicklung:
Kullmann & Partner GbR, Marc Strittmatter
Gestaltungskonzept:
Gramisci Editorialdesign, München
Gestaltung und Satz: Kristijan Matic/
Kullmann & Partner GbR, Stuttgart
Produktion: Jürgen Bischoff
Printed in Slovenia / Imprimé en Slovenie

FSC
www.fsc.org
MIX
Papier aus verantwortungsvollen Quellen
FSC® C084279

DER AUTOR

Thomas Proll ist Diplom-Agraringenieur und ausgebildeter Baumschulgärtner. Seit 1996 ist er bei der weltbekannten Firma W. Kordes' Söhne als Züchtungsleiter für die Entwicklung neuer Gartenrosen-Sorten verantwortlich. In Fachkreisen und bei Rosenliebhabern ist er gern gehörter Redner und immer für eine Diskussion „rund um die Rose" zu haben.